U0747315

文
普
化
华

PUHUA BOOKS

我
们
一
起
解
决
问
题

海底捞你学得会

杨铁锋　著

人民邮电出版社

北　京

图书在版编目（CIP）数据

海底捞你学得会／杨铁锋著．—北京：人民邮电
出版社，2011.8
ISBN 978-7-115-26207-3

Ⅰ．①海… Ⅱ．①杨… Ⅲ．①饮食业—企业管理—研
究 Ⅳ．①F719.3

中国版本图书馆 CIP 数据核字（2011）第 165785 号

内 容 提 要

近年来，随着海底捞火锅店在经营上取得的巨大成功，海底捞现象已经在企业界具有广泛影响，国内外很多企业都把如何复制海底捞模式当做重要课题来研究。海底捞现象的本质是什么？海底捞靠什么在经营中赢得顾客、赢得员工？本书从破解海底捞火锅店的经营管理方法入手，把海底捞的经营系统拆解成八大板块进行透彻研究，从中总结出企业成功的规律性法则，再结合现代企业运营理论，给出企业能够快速学习、马上能用的实施方法，帮助广大企业走上健康发展之路。

本书适合广大企业管理者、经营管理理论研究者及高等院校相关专业师生阅读。

◆ 著　　　　　杨铁锋
　　责任编辑　　张亚捷
　　责任印制　　焦志炜

◆ 人民邮电出版社出版发行　　　北京市丰台区成寿寺路 11 号
　　邮编 100164　　电子邮件 315@ptpress.com.cn
　　网址 http://www.ptpress.com.cn
　　北京天宇星印刷厂印刷

◆ 开本：700×1000　1/16
　　印张：13　　　　　　　　　　　2011 年 8 月第 1 版
　　字数：150 千字　　　　　　　　2025 年 10 月北京第 59 次印刷

定　价：30.00 元
读者服务热线：（010）81055656　印装质量热线：（010）81055316
反盗版热线：（010）81055315

我写海底捞

今年五月初的时候，有朋友告诉我书店有了一本新书，书名是《海底捞你学不会》，大家很感兴趣，觉得从这本书里能够受到很多启发。于是，我赶到北京西单图书大厦买了一本黄铁鹰先生写的《海底捞你学不会》，回到办公室便急切地读了起来。

应该说，《海底捞你学不会》这本书文笔流畅，构思巧妙，很好地反映了以海底捞人为代表的餐饮人的生活现状，生动地描绘了海底捞人的喜怒哀乐，刻画了海底捞员工在老板张勇的带领下，不畏艰辛用双手改变命运的心路历程和创业轨迹，读来让人为之感动。

但是，正如黄铁鹰先生所说，按照《海底捞你学不会》的视角，海底捞是无法让其他人学会的。因为，这本书关注的是员工的感受，而对于方法的解析几近于零。所以，学不会在所难免。

我所从事的工作是餐饮咨询和运营培训，日常的工作内容也是帮助餐饮企业调整模式、制定战略、改善经营、规范管理、植入文化和塑造品牌。所以，在阅读《海底捞你学不会》的过程中，很快便产生了一种想法：应该写一本《海底捞你学得会》，解析海底捞模式，破译海底捞的成功密码，总结海底捞发展的因果关系，让更多的人能够领会海底捞的经营精髓，学得会海底捞的经营方法，为企业创造更多的财富。

当我把这个想法讲给《东方美食》杂志社刘广伟社长时，得到了他的充分肯定，认为这个想法非常好，海底捞能够学得会！应按照这个想法尽快成书。他即表态可以安排《东方美食》旗下的《餐饮经理人》杂志从2001年8月份开始，专门设立一个专栏讨论海底捞现象，连续刊载《海底捞你学得会》。

于是，从5月23日开始，我着手写《海底捞你学得会》。

其实，我对于海底捞的关注已经有三年多的时间，期间搜集过海底捞的一些资料，与同行们在不同场合也进行过相关的交流，所以写起来比较顺畅。6月26日初稿完成，从动笔到完稿，竟然仅仅用了35天。

也许是感受颇多，也许是目的清晰，整个写作过程是在一种亢奋和快乐中度过的。在我的眼前、在我的脑海里、在我的笔下，海底捞的一切似乎都是我曾经的过去和即将迎接的未来，我知道结果，于是去寻找原因，再用这个原因去推证结果。在这样反复的研磨下悄然成书。

我把这本书的一些观点整理出一篇文章寄给素以文风严谨的《哈佛商业评论》（中文版），素不相识的编辑回复道："编辑部对您的文章进行了讨论，大家一致认可您的观点确有独到之处，给大家提供了另一个了解海底捞成功的角度，近期即可刊用。"我感到很欣慰。毕竟，有了专业媒体的认同，我的努力没有白费。

人性的光辉是伟大的。张勇的智慧和善良创造了海底捞，海底捞也用揽金夺银的能力回报张勇。这就是因果。栽什么树苗结什么果，撒什么种子开什么花，还真是有道理。

杨铁锋

2011 年 7 月于北京

外行看热闹，内行看门道

北京烹饪协会会长　姜俊贤

海底捞火锅店是餐饮行业的后起之秀，仅仅通过十几年的奋斗就已经发展到五十多家连锁企业，成绩斐然。海底捞火锅店的老总张勇先生，既善于现场管理、以身作则，同时又善于学习先进管理理论，与餐饮实践有机结合，创新出一套全新、有效的餐饮经营模式，打造出企业自己的核心竞争力，值得其他餐饮企业学习效仿。

杨铁锋先生写的《海底捞你学得会》，把海底捞火锅店分拆成若干板块进行分析，详尽解读海底捞各个方面的管理方法，深入浅出，十分精辟。广大餐饮企业应精心研读《海底捞你学得会》，不仅可以从中学到企业经营的理念和原则，提升企业发展的眼界，也可以作为企业经典案例进行剖析，给本企业创新管理提供有益的启发。

　　海底捞的方法是可以学得会的。外行看热闹，内行看门道。如果说某些非餐饮企业的经营者或学者对海底捞的管理方法还有些不同看法，我想，从事餐饮企业经营的管理者们一定会通过本书学到有关海底捞诸多有益的经验，受到有益的启发。

　　《海底捞你学得会》这本书，写得很是时候。

企业的共性应该遵循

乡村基董事长　李　红

　　每家企业都有自己独特的一面，其经营理念、经营风格、主题文化、核心竞争力和品牌内涵自成体系，与众不同，这就是所谓的"隔行如隔山"；但企业运营的经营方法、管理手段又都是沿袭相同的方式统一规划，相互之间可以有所借鉴，这叫"隔行不隔理"。前者说的是企业个性，后者说的是企业共性，个性是企业独有的魅力，共性需要企业共同领悟并遵循。

　　乡村基于 1996 年 11 月 23 日在重庆创立了第一家快餐连锁店，主要立足于西南地区的川式香浓口味的米饭快餐。创业时我们的想法很简单，就想为离家在外的人做一顿好吃的饭菜，让他们感受到家的温暖。2010 年 9 月，乡村基在美国纽约证券交易所主板成功上市，成为我国第一家在美国证券市场上市的餐饮企业。走过了 15 年的风风雨雨，乡村基对商业运营感受颇多，从某种程度上来说，"他山之石，可以攻玉"。企业经营都是相通的，企业之间应该通过相互学习来提高经营能力，取其精华，从而不断提升企业的核心竞争力。

以前在《餐饮经理人》杂志上看过杨铁锋的一些文章，感觉他对餐饮经营管理的认识有独到之处，尤其是他为企业做过的餐饮经营急救的案例，帮助很多企业摆脱了经营和管理上的困境，使其重新走上健康发展之路，真的很不容易。企业和企业之间，在有些经营方法上是相通的。

海底捞是个很踏实的企业。踏踏实实做事，踏踏实实做人，在业界有着很好的声誉。对海底捞做一个详细的解剖，真是一个很好的选择，能够让业界同行获得更多的了解和启发。不少没接触过餐饮行业的人大都感觉做餐饮很简单，一旦进入到这个行业，才会发现问题多多，搞不好就会晕头转向、手忙脚乱；如果你找到了餐饮行业的工作意义，就会发现你的人生就此不同，随时都不会忘记自己的职业本色，随时随地做起餐饮经营的功课。我曾经问过自己，如果有来生，我会选择什么样的事业？答案仍然是餐饮。

本书对海底捞的经营管理进行了深入的分析，尤其是对于海底捞商业模式的总结，让我对海底捞有了更新的认识。张勇先生运用全员参与式的管理理念，探索了一个全新的商业模式，使企业在经营中抢占了先机，这是一件极富挑战性的工作。我希望更多的企业能够从《海底捞你学得会》中汲取到成功经验。

交流与沟通

《东方美食》杂志社社长　刘广伟

我国餐饮业有个独特的现象，叫做市场大企业小，2010 年餐饮营业规模已达 2 万亿元，营业收入超过 10 亿元的企业只有 30 家，在 200 万家餐饮企业中，绝大部分都是小型和微型企业，我们的餐饮百强的营业总和还抵不上一个麦当劳。如何提高产业集中度？如何让我们餐饮企业尽快发展壮大起来？企业间的交流与沟通是非常重要的，这也是《东方美食》二十多年来所追求与实践的。只有不断地交流与沟通才能推动企业发展，无论是生意火爆的企业还是艰辛探索的企业，相互之间的交流了解和真诚沟通，有助于企业间资源的互补与互利。在市场竞争中占据优势地位的企业，为了保持领先的地位，时时刻刻都需吸纳新鲜的养料。经营业绩平平的企业，更需要学习、借鉴与交流，这样才能迎头赶上。

多年以来，有关餐饮企业的研究案例非常稀缺。餐饮企业的成功经验，一直处于口传心授的状态，缺少理论的整理与归纳。有些企业经营得很出色，但其独特而有效的经营方法却没有进行理性的总结，致使许多刚入行的业者得不到系统的知识，对其餐饮运营的成功如同雾里看花，这也阻碍了企业间深层次的交流与沟通。

现在，有一批管理专家进入到餐饮行业，开始对餐饮企业的运营规律进行系统整理与深刻解剖，并针对部分优秀的企业进行典型调研，采取理论与实践相结合的方法，整理出版了许多观点独特并且实用的书籍，方便了从业者的学习与交流。《海底捞你学得会》是其中的代表之作。这本书从占有企业大量案例出发，结合现代企业运营理论，对火锅店的佼佼者海底捞进行了系统剖析，深入浅出地总结了海底捞成功的运营经验，围绕模式、定位、产品、定价、绩效、管理、文化和品牌八个方面，做了饶有新意的探索。

学习海底捞，首先要学习海底捞的经营理念。海底捞成功地破解了顾客需求和企业供应之间的边际效用，既能够获得最大的经济利益，又能够获得较高的顾客满意度，从而实现员工改变命运的目标，弘扬企业文化，提升品牌内涵，这是许多企业家想做而很难做到的事情。海底捞模式的强大竞争力，正是海底捞经营理念的具体体现。

学习海底捞，更要学习海底捞创办人张勇为人处世的作风。做事先做人，这是做好事情的前提条件。一个连做人都成问题的企业家，是无法做好任何事情的。张勇做傻人，获得的是真诚；张勇做善人，获得的是忠诚。张勇的人品，值得企业家们和有志于成为企业家的人士揣摩效仿。

未来 30 年，是我国餐饮企业发展壮大的阶段，不同地域、不同业态、不同风味的企业之间，相互交流、相互借鉴、相互学习是企业进步的重要方式。还是那句话：交流起来进步快！

海底捞你学得会

随着海底捞火锅店的声名鹊起，海底捞的创建人张勇及其经营管理也被罩上了一层神秘光环。张勇被奉为"神人"，海底捞也已经似乎成为很多企业倡导服务经营、提升企业核心竞争力的一个标杆，甚至出现了一个极端的观点——海底捞你学不会，认为海底捞的经营管理是一门艺术，而艺术是无法复制的。仿佛只有用艺术才能烘托出海底捞管理方法的高超与玄妙，只有所谓的"神人"才能够对企业驾驭自如。

海底捞的老板张勇的确是一个不简单的企业家。一家平平常常的火锅店，他硬是给开出了不同凡响的效果，真是让人叹服。这个来自于生活底层的餐饮老板，用自己对人生的深切领悟，建立起带领员工改变命运的信念，引导员工开辟出一条勤劳创富的道路。毫无疑问，在任何组织的创业初期，创建人的个人魅力和领导能力直接左右着组织的命运及其发展进程，海底捞也不例外。张勇的执著和坚持，对于海底捞的发展有着不可磨灭的影响。在海底捞人的眼中，张勇是"神"，而"神"对未来的预测是精准的，"神"的规则也是放之四海而皆准的真理。由此，张勇的经营理念和方法也得到管理团队及全体员工坚定不移的执行。

众所周知，餐饮行业的管理人员和员工，无论面对怎样科学的管理制度和工作流程，首先确定的行为并不是完全彻底的执行，而是先要判断制度和流程对自己有多大益处，然后再来审视决策者和执行者的力度。作为内行的领导人，张勇有预知执行效果的先天优势。即使没有更多的参谋意见，张勇知道下达的决定是否可行及如何可行。当张勇决心要达到某种目的而坚决采取行动时，来自于反方向的阻力自然大大减少，这与那些不专业的投资人或不是投资人的经理人的决定当然不可同日而语。投资人不专业，下属们在执行他的决策时会半信半疑，不尽全力，结果自然难以期待；不是投资人的经理人若要实施某项决策，大多要面临来自投资人亲属的掣肘乃至责难，能够使决定得以坚决贯彻何其难也。张勇的优势，非一般人所能比。

把管理方法拘泥于"科学"或是"艺术"，多少有些书生之见。无论科学还是艺术，都是人类后天为了存储和寻找的方便、对以往的创造进行的一种归类。即使把管理归入到了艺术的门厅之下，那么艺术还有层次之分。餐饮管理崇尚实用，只要能带来销售收入和利润，给股东和经营者带来实实在在的丰厚回报，哪里还管得着是"艺术"或是"科学"。"不管黑猫白猫，抓住耗子就是好猫"，管理方法有效就可以了。

学习海底捞，并不是照抄照搬海底捞，而是要领会海底捞模式的精髓，借鉴海底捞的经营哲学，找到自己的经营蓝海，创造出适合自己的经营之路。

下面我们可以为海底捞的成功开列一个公式：

张勇内行的决策＋比其他企业略高一点的商业模式＋管理团队不假思索的执行＋以家乡人为骨干的员工队伍＋双手改变命运的企业文化＋海底捞式"变态"服务

按照这个公式，任何企业都可以根据自身条件，为自己量身定做一个全新的"海底捞"，使自己的财富呈几何级倍数增长，成为本行业的领军标杆。

在海底捞面前，经营者既不要目空一切，置海底捞充满活力的经营模式于不顾，也不要妄自菲薄，对海底捞模式顶礼膜拜不加思考，而应该汲取其精华，去其不适合自身的地方，掌握主旨，活学活用，用海底捞的精神，指导企业开展更富成效的运营。

通过阅读本书，让我们一起轻轻撩开蒙在海底捞身上的薄纱，把海底捞经营系统拆解成若干个组件，细细揣摩，认真探究，从本色的海底捞身上找到解决问题的根本原因，在这个基础上，量身定做实施方案，使海底捞模式在各个企业落地生根。

海底捞，你学得会！

目 录

企业经营能否成功，商业模式是否优秀是关键。

海底捞的成功就是建立在其优秀的商业模式上。海底捞优秀的商业模式是本，海底捞的发展战略和"变态"服务是末，这个逻辑关系不可倒置。企业经营最难捉摸的是商业模式如何与顾客的需求对接，其他的都是浮云，没什么学不会。

市场细分的任务，主要是分清企业服务对象的类别。

认识企业的服务对象，有目的地调整自己的商业模式，是企业长盛不衰的根本之道。环境在变，商业模式也需随之变化。

第三章　商品：卖出不同的感觉　/ 43

　　海底捞的过人之处是在菜品的色、香、味、形、器的设计上十分用心，将一个普通的火锅菜品卖出了不一般的感觉。学习海底捞，是学习海底捞用心做事的理念，而不是照抄照搬海底捞的菜品种类和盘式风格。因为用心，所以专业。

　　不要为没有特色菜品发愁。只要用心琢磨，任何一个品种都可以包装成特色。把商品做到极致，是企业经营得以成功的基本前提。

第四章　价格的秘密　/ 63

　　价格是决定商品销量的重要因素。

　　增加商品的神秘性，以高价格卖出去，这是甩开竞争对手非常有效的办法。企业的盈利能力差，竞争能力自然也差，即使知道对手的竞争方法，也会因为力所不逮而无奈放弃。

　　海底捞打破了这个神话，它用服务和免费赠送塑造价值，用高定价获取利润，成功地建立起餐饮经营的良性循环，为火锅店的经营创出新的商业模式。

第五章 员工行为管理 / 81

相信员工，把员工当伙伴。不能把员工当"贼"防。坦诚对人，换来的也是坦诚。

成功一定有方法。在看到海底捞成功的表象之后，我们还应该看到其成功的背后。海底捞精神体现了海底捞管理的方方面面，是海底捞管理精华所在，精研细读，可供借鉴。

第六章 感动员工 / 99

海底捞员工们相信，企业好自己就会好。因为，他们相信张勇大哥不会让他们白干。企业制度的设计，也是让他们与投资者一起共同创富。这样的企业文化，才是真正建立在群众的基础之上。孙子兵法有云："上下同欲者胜。"

建立企业文化，要虚实结合。虚的是形式，是纸上功夫；实的是回报，是内心感受。员工愿意遵循企业文化，必须要让他们认识企业文化能够给他们带来什么好处，并且能在工作中感同身受，享受到这种好处。海底捞让员工感动，员工也就懂得了感动的重要，学会了让顾客感动。

第七章　超值服务　／117

让员工感到是在为自己工作，这是海底捞员工绩效考评的得意之作。管理制度的设计，应该让员工将自己的主观能动性充分释放出来，而不是束缚。

海底捞独创了很多很特别的服务，如聊天，如果顾客愿意，哪一个服务员都能陪顾客聊一阵子。相对于很多餐饮企业服务员不爱聊、不敢聊、不会聊的现状，海底捞确实技高一筹。

第八章　品牌是自然而然的事情　／143

诚实经营和优质服务是塑造品牌的有力工具。在塑造品牌的道路上，不应存有偷奸耍滑的侥幸心理，而应该踏踏实实严守质量标准。你可以短时间蒙蔽顾客，却无法长期欺骗顾客。做事磊落，也会给事业带来好运。

高调做事，低调做人。品牌也是一样。不要过于热衷于媒体的炒作，真正的品牌还是应该靠实力说话。品牌成长需要周期，拔苗助长只会让品牌半途而废。蛰伏以待，积累能量，是金子终究会闪闪发光。

海底捞是值得各行各业人士深入研究的。让人心生感慨的是，海底捞获利的前提不是对顾客千般吝啬、百般算计，而是站在顾客的角度做"利他"的事情。老板对员工怀有"利他"之心，员工对顾客也便有了"利他"之举。

学习海底捞，更要重视检查和奖惩。所谓管理，就是计划、检查加督导。很多问题的存在，并不是管理人员计划不周，而是后续检查不力。等到问题爆发、产生恶果时再行处理，实在是责任心不足才会导致的管理渎职。"国家兴亡，匹夫有责"这句话，在今天仍具有现实意义。

第一章

商业模式：只比别人高一点

☺ 企业经营能否成功，商业模式是否优秀是关键。模式是方向，战略是步骤，失去了方向的指引，步骤就变得毫无用处。

☺ 海底捞的成功就是建立在其优秀的商业模式上。海底捞优秀的商业模式是本，海底捞的发展战略和"变态"服务是末，这个逻辑关系不可倒置。企业经营最难捉摸的是商业模式如何与顾客的需求对接，其他的都是浮云，没什么学不会。

☺ 某一商业模式不是放之四海而皆准，必须要充分考虑到本企业所在商圈、顾客、位置、竞争对手等要素，扬长避短，合理雕琢。在强调原有个性的前提下，商业模式要因势利导，切合实际，与其他商业模式相亲相合，共谋发展。

任何企业的成功，优秀的商业模式必定是奠定成功的基础。模式错了，意味着方向错了，无论后期怎样努力，都难以弥补模式错误带来的先天不足。海底捞最成功的地方，不是令人叹服的人力资源管理，也不是耳目一新的"变态"服务，而是其能够带来滚滚利润的商业模式。没有这种优秀的商业模式做支撑，海底捞就无法成为今天的海底捞。

海底捞经营的真功夫

到过海底捞消费的顾客，最感兴趣的是这家火锅店竟然会赠送那么多好吃的东西！同时，在等位的时候，服务员还会提供很多客人特别喜欢玩儿的跳棋、围棋、象棋、扑克，或为顾客免费擦鞋、美甲等，让这种令人厌烦的等待变成快乐的享受。而且，每一桌等位的顾客，会得到一张服务员给予的就餐折扣单，结账时可以按照折扣单上的标准付费，让这些顾客享有一定优惠。

高吗？

高！真高！

海底捞的老板张勇真是高手，对人心的揣摩达到了炉火纯青的地步。他知道如果给予顾客一定的免费或优惠，才能够实现引领，让顾客心甘情愿完成消费行为。当《长尾理论》作者克里斯·安德森又一次对商业的未来定义为"免费"的时候，张勇的免费实践已经真金白银地操作了10年。但是，他们"免费"的概念又不完全相同。从对免费的深刻认识来说，张勇的免费明显要超过那个世界知名的美国人。因为，克里斯·安德森是基于互联网基础上的软件商品在大量复制的前提下，其成本已经摊薄到足够低的水准，完全可以用免费方法圈定更多的顾客群。而张勇的免费却是实实在在的成本付出，西瓜、哈密瓜、炸虾片、炒青豆、情人果、豆浆、酸梅汤等免费零食和饮品，虽然单位成本不高，但集腋成裘，一段时间下来可不是一个小数目。张勇的此成本和克里斯·安德森的彼成本当然不在同一个水平线上。

为了让免费赠送更加深入人心，张勇把海底捞的整体布局划分为厨房区、就餐区和等位区三大区域。与大多数火锅店比较，海底捞的厨房区和就餐区并无新奇之处，即使在川渝一脉的天府火锅中，海底捞的装修档次也只属于中等水平。真正独特的是等位区，不论火锅店所在地的房租多贵，海底捞一定要从总面积中分隔出五分之一大小的空间作为等位区。更为离奇的是，等位区的环境和服务丝毫不亚于就餐区的标准，等位区里的气氛更融洽、更快乐。

大多餐饮企业的等位区只是为客人等位提供临时休息的场所，而海底捞的等位区，真正的功能并不是让顾客等位。与其他餐饮企业不同，海底捞的等位区实际上是一个招客区。开餐馆最难受的是什么？没有客人最难受。如果请你来品尝免费的零食、饮品，你来不来？当然来。虽然便宜不大，占着还是让人很舒服的。所以，顾客很快就拥进了等位区，又从等位区拥进了就餐区。设立等位区及其服务是因，人气鼎沸、生意火爆是果，这个因果关系成就了成功的海底捞商业模式。那种以为海底捞生意火爆导致顾客耐心等位的模糊认识，是因为没有搞清楚海底捞模式各要素之间的逻辑关系，以果为因，导致对海底捞成功的错误解读，应予以澄清。

海底捞第一家分店的开店经历即是很好的佐证。

1999 年，21 岁的杨小丽受张勇委派，作为西安海底捞分店的店长全权运营海底捞。那时，海底捞的商业模式初具雏形，虽然四川简阳总店生意红火，但初次出川毕竟难以让人完全信服。西安海底捞分店是海底捞的联营店，表面上说的是简阳海底捞全面负责，但合作方的代表习惯于事必躬亲，锱铢必较，使得初出茅庐的杨小丽根本无法施展拳脚，海底捞的成名战法在这里形同虚设，经营状况异常惨淡。无奈，杨小丽在苦苦支撑两个月后，把现场难题向张勇做了汇报，重点就是合作方认识不到向顾客提供赠品的重要性，严格限制赠品发放，海底捞无法有效吸引顾客。于是，张勇出面，请合作方全面退出现场管理，由杨小丽全权负责，大力推行海底捞模式。这个举措很快收到成效，不久海底捞在西安闯出了自己的一片天地。

对海底捞商业模式最有心得的，莫过于张勇本人。北京海底捞一家分店经理在向张勇汇报赠品西瓜采购价格时，随口说道："最近西瓜涨价，两毛一斤的西瓜没有三毛的甜。"张勇马上就说："两毛钱都花了，还差一毛就能够让顾客满意，为什么不买三毛的？"张勇太清楚海底捞等位区的作用和功能，知道怠慢顾客会带来什么样的后果。所以，在对待海底捞商业模式的核心问题上，态度鲜明，毫不含糊。舍得舍得，舍在前，得在后，有舍才有得，这样浅显的道理，真正能学懂弄通却绝非易事。

如果仅仅能够吸引客人，海底捞还不会是一个成功的海底捞。海底捞的获利能力也是非比寻常。张勇在谈论海底捞的获利能力时这样评价火锅店："做火锅的确很辛苦，但火锅做好了很赚钱。"海底捞的店，平均一年半收回投资。效益最好的店，能在 6 个月就收回投资。张勇自己坦承："2009 年，海底捞的净利率是 18%，在餐饮行业处于顶尖水平；2010 年，即使在原材料不断涨价的情况下，海底捞的净利润仍然达到 16% 的高水平。"如此高的利润水平，说明海底捞的菜品定价执行的是厚利政策。虽然我们无法准确得出海底捞的实际毛利率水平的数字，但根据经验测算，海底捞的毛利率控制应该在 80% 以上。根据海底捞 2010 年北京地区使用的点菜单，可以方便地了解到每个单品的定价情况。我们还是通过列举几种百姓日常生活中经常采购的品种，看看海底捞的定价水平（详见表 1-1）。

看到这个分析表，应该知道张勇经营手段的厉害了。即使是老百姓非常熟悉的品种，海底捞的毛利仍保持在 80% 以上，一部分品种甚至达到了 90% 以上！

表 1-1　北京海底捞部分品种定价分析表

品名	销售价 （元/盘）	折合单价 （元/500g）	采购均价 （元/500g）	单品毛利率 （%）
内蒙羔羊肉（卷）	25	62.5	20	68
腰花	26	65	10	84.6
冻豆腐	16	40	2	95
豆腐	12	30	2	93.3
高碑豆腐皮	15	37.5	5	86.7
野生木耳（水发）	16	40	3	92.5
海带	12	30	2	93.3
大白菜	11	27.5	0.8	97.1
茼蒿	14	35	4	88.6
菠菜	12	30	3	90

　　注：北京地区火锅店肉类、菜类、豆制品类按 150～200g 投放，为叙述方便，本表统一按上档 200g 计算。

　　这个分析表还没有包括商家定价的非敏感类商品。一般企业的定价原则是：对于大众比较熟悉的、敏感类商品，采取低毛利定价；而对于大众不熟悉的、非敏感类商品，采取高毛利定价。这种定价策略的目的是，把顾客对熟悉商品的低价好感，转移到企业的大多数商品的放心采购上。在海底捞的菜单中，排位在前、单独列出的蔬菜滑（26 元/份）、荆沙鱼糕（26 元/份）就属于大众不熟悉的非敏感商品。非敏感商品一般采取高毛利定价方法。在餐饮行业纵横捭阖了 17 年之久的张勇，肯定深谙此道。这两个品种，应该是海底捞提高销售额和毛利率的急先锋。

再来看看顾客在海底捞的人均消费水平。我们按照火锅店最常见的每桌四位成人顾客来估算一下在海底捞的一餐费用（详见表1-2）。

表1-2　四人一桌消费估算表

消费项目	单价（元）	数量	金额（元）
鸳鸯火锅	49	1	49
手切羊肉	30	1	30
精品肥牛	48	1	48
内蒙羔羊肉	25	3	75
猪蹄	26	1	26
鲜鸭肠	22	1	22
竹节虾	28	1	28
冻豆腐	16	1	16
油豆腐皮	14	1	14
香菇	15	1	15
青笋	12	1	12
油麦菜	10	1	10
菠菜	12	1	12
白酒	58	1	58
啤酒	8	4	32
米饭	2	4	8
自选小料	9	4	36
豆浆	4	4	16
合计	——	——	507

四位顾客消费这样一桌火锅菜品，合计支付507元，每人平均要达

到 126.75 元。以此为中间值，设定上下浮动 20% 为消费区间，那么每人消费额度应该在 100~150 元。有餐饮同行到海底捞考察后非常疑惑："海底捞的价格不便宜呀！"顾客在海底捞结账后也会暗自感慨："海底捞的人均消费至少需要 80 元。"看完这个消费分析表就会明白，海底捞走的是厚利经营的路子。

因为拥有大批高获利的菜品，海底捞才能在大方赠送的同时，获取丰厚利润。所以，海底捞对单体店的考核，才可以不去关注销售额，也不用去关注毛利率，而只去考察顾客满意度和员工满意度。厚利经营是海底捞模式的精髓，也是海底捞赖以不断发展的物质基础。这，才是海底捞的真功夫。

经营者的理念是关键

日本松下电器的创始人松下幸之助曾说过，不赚钱的经营是罪恶的。因为，企业经营寄托了员工的希望，员工的生存发展都要仰仗企业的良好运营才能获得足够的空间。企业报效国家，要按照相关部门的要求足额纳税。企业要提供给消费者更多的优质商品，满足多种需要，必须拥有相应的利润才能正常运转。

作为经营者，张勇对于利润的重要肯定有他自己深刻的体验。从海底捞整个发展过程来看，可以分为三个发展阶段。

第一阶段（1994—1999 年）为创业期。通过六年的时间，海底捞从无名小店逐步做到羽翼渐丰。这段时间，海底捞从无到有，从麻辣烫到火锅店，完成了行业认识、经验积累、模式创新、技术整理和人力管控的初步探索。但获利能力和资金积累仍然处于初始状态。毕竟，海底捞的诞生地是在群山环绕的四川简阳，那里的消费购买力和北京、上海、西安、天津等超大型城市无法比拟。不过，也许恰好是因为诞生在简阳，那种低下的消费能力锻造了海底捞强劲的盈利模式，使得海底捞在离开简阳后，很快就在那些富足的大城市做得风生水起。

1999 年，骁勇善战的海底捞西安第一任店长杨小丽把海底捞带入第二个发展阶段，进入了试验期。这个阶段，海底捞经历了低谷挣扎到良好运营的过程，进一步坚定了张勇对海底捞模式的信心。连锁企业运营，盈利模式是第一位的，其他因素处于从属地位。海底捞在西安，因为顾客群的变化，盈利能力增强，商业模式也同样得到改善和提升。"开疆拓土"的雄心随着海底捞模式的逐步成熟，一点点在张勇的思想里开始发酵。

2004 年，海底捞试水北京，开始了自身的大发展时期。这个时候，海底捞已经不是那个四川县城里面的"灰姑娘"了，战略、战术、管理、营销、服务、品牌等火锅店经营的一切要素，张勇已经拿捏得十分纯熟，一切了然于胸，无需探索。

在这样三个阶段的转换中，海底捞的毛利率昂扬向上，一骑绝尘，为企业发展积累了雄厚资本。

任何企业，只有厚利经营才能快速发展。跳出餐饮行业，让我们看看世界范围内的企业发展规律，如微软、苹果、星巴克、可口可乐、安利、耐克、百度、农夫山泉、康师傅、万科等呈几何级倍数疯狂成长的企业，哪一个不是以厚利经营著称。用不着羞羞答答不愿意承认自己的企业崇尚厚利，在已经完全市场化了的行业环境里，能够做到厚利经营的企业，还真不是寻常人所能驾驭得了的。传统的华人经商，一直以薄利多销为根本，信守"一分利"商业精神，认同货真价实。现在看来，这样的经商方式维持温饱尚可，但要建立一个商业帝国则显得有些拘泥保守和无能为力。现代商业领袖，哪一个不是搜索枯肠、绞尽脑汁去塑造商品价值，以期扩大商品毛利，这是商业发展的大趋势。

张勇的幸运在于他误打误撞地选择了川渝火锅作为创立事业的载体。这种发源于西南重庆两江（长江、嘉陵江）汇流之处的饮食方法，以简易、便捷著称。重庆朝天门原是屠宰牲口的地方，商家以前宰牛后只要其肉、骨、皮，却将牛内脏弃之不用，岸边的水手、纤夫将其捡回，洗净后倒入锅中，加入辣椒、花椒、姜、蒜、盐等辛辣之物，煮而食之，一来饱腹，二来驱寒、祛湿，久而久之，就成了重庆最早的也是最有名气的麻辣毛肚火锅。这是川渝火锅的原始制法。这种饮食方式随着我国经济的快速发展，逐步输出到国内各地。川渝火锅具有三个显著特点：一是做法简单，技术含量不高，便于操作和传承；二是口味麻辣，具备典型的川渝口味特点，符合餐饮经营的个性化要求；三是选材广泛，成本低廉，人均消费水平较低，能够给经营者带来丰厚利润。因为这三个特点，近年来川渝火锅的领军企业前赴后继，不断地北上南下，屡创辉煌，成为我国餐饮行业特许加盟不可忽视的奇葩。即使号称"不蘸料的火锅"小肥羊，其创意根基仍然能够追寻到川渝火锅的痕迹。张勇选择了川渝火锅，意味着他无需再去精挑细选餐饮百业，用心做好眼前的事情，事业就拥有了一个非常不错的开始。川人自古便以烹饪为傲，张勇做火锅，好像也是顺理成章。

川渝火锅成全了张勇，张勇也使川渝火锅发扬光大。

从简阳出发，到西安成名，再到北京规划海底捞未来发展的商业版图，张勇不断受到厚利经营思想的启迪和冲击。依照张勇一贯的低调做人姿态，我们无法知道张勇是从什么时候开始为发现厚利经营的模式感到狂喜，也无法知道他是因为何种机缘才悟出此道。一个不争的事实是，1994—1999 年，海底捞只在简阳运作了自己唯一的一家火锅店；1999—2004 年，海底捞在西安、郑州新开 6 家直营店；2004 年至今，海底捞在京、沪、宁、津、杭、沈等地连开五十余家店，是开业前 10 年的 7 倍。这样一个开店的轨迹图，恰好与海底捞菜单上不断提高的毛利率发展状况相吻合。如果不是厚利经营，海底捞恐怕无法获得源源不断的资金积累，当然也就无法把触角探至多个城市。

还有一个疑问："海底捞为何不到火锅之都重庆设立分店?"我国的火锅产业，有太多的重庆品牌跑马占地，占据了半壁江山，如小天鹅、苏大姐、秦妈、奇火锅、骑龙等火锅连锁企业，哪一个在业界都是响当当的品牌。能在重庆火锅中名列前茅，就能在中国的火锅产业中占据领先位置，这不是夸张。如果张勇想做大海底捞的品牌，最便捷的一种方法就是抢占重庆火锅的制高点，以重庆为根基，"挟天子以令诸侯"。但是，张勇回避了，他让出重庆，而选择了北上。最有可能的原因，就是重庆火锅店的产业模式同质化严重，企业竞争方式以低价倾销为主，导致菜单上的零售价格只有北京的一半。薄利当然不是张勇的选择，所以他即使在功成名就以后，也不曾在重庆设立分店。

企业经营哲学是存在边界的，东方和西方各有短长。比如为商品定价，东方人看重的是自己实际投入的成本，在此基础上，加上一个合理的利润，便确定了商品的价格；而西方人更愿意观察消费者的需求程度，推测消费者能够忍受的底线，以便为自己获得最大的利益，绝不会因自己成本低廉获取厚利而愧疚。从表面上看，东方人很忠厚，西方人很商业。但在以结果论英雄的商业社会，西方人的做法似乎更符合弱肉强食的自然界法则。

在这一点上，张勇和海底捞是"很西方"的。他用厚利换来员工的忠诚和稳定，也用厚利催生出"变态"服务，在成功寻找到火锅商品的差异化之后，把海底捞的个性品牌价值发挥得淋漓尽致。

关于商业模式

有这样一句话："人一生重要的不是所处的位置，而是所前进的方向。"商业模式，就是企业为自己规划的前进方向。企业未来究竟能够取得多大的成就，取决于商业模式是否优越。海底捞之所以能够快速裂变，模式本身的优越是其根本原因。

所谓模式，就是解决某一类问题的方法论。把解决某类问题的方法总结归纳到理论高度，那就是模式。模式一词的指涉范围甚广，它标志了物件之间隐藏的规律关系，而这些物件并不尽是图像、图案，也可以是数字、抽象的关系甚至思维的方式。模式强调的是形式上的规律，而非实质上的规律，是前人积累的经验的抽象和升华。简单地说，就是从不断重复出现的事件中发现和抽象出规律，好似解决问题的经验的总结。只要是一再重复出现的事物，就可能存在某种模式。

　　企业商业模式，就是对企业面对不同商圈的顾客群，根据自身条件，采取相应的经营方法的概括和总结。它是经营者多年经验的积累和形式的升华，既能够表现出自身的经营特点，又能够便于顾客识别和选择。常见的餐饮企业商业模式有烤鸭店、火锅店、拉面馆、包子店、粤菜馆、川菜馆、湘菜馆、饭庄、大排档、烤肉店、海鲜店等。这些模式，为顾客带来了档次高低、品种多寡、价格贵贱、服务繁简等不同的体会，也为企业自身的生存培育了不同的生存土壤。有所成就的餐饮企业并不拘泥于这些传统商业模式，往往要在传统商业模式的基础上，根据企业竞争的需要有所创新。同样是火锅店，海底捞增加了休闲效果的等位区，其模式功能就产生了截然不同的效果。企业经营的运营状态，本质上是由企业的供给与顾客需求是否能够实现良好对接来决定的。商圈内的顾客认同度高，企业的生意就兴旺；反之，生意就冷淡。而商业模式是企业供给的一个浓缩体，它的形态、内涵、变化，决定着企业的经营理念、服务承诺和价值感受。不同的人群，对商业模式的认知是不同的。企业确定商业模式，要根据周边的具体情况，分清人群，瞄准需求，实现供给与需求完美对接。近几年，随着社会财富的积累，居民消费需求产生了深刻变化，消费层次更加丰富。不懈的餐饮人，创新出了生态农庄、养生会馆、私房菜馆、官府菜馆、休闲餐厅、城郊餐饮、个性餐吧等多种商业模式，为企业发展带来勃勃生机。

　　模式引领战略，战略服务于模式。商业模式决定企业能否发展，经营战略决定企业如何发展，两者是影响企业发展进程的不同侧面。在模式低劣的情况下，勉强制定企业的发展战略必然是短命的。同样是火锅连锁企业，有些以敛取加盟费为主业的盟主，其商业模式获利能力极差，根本无法经受市场检验，自己的直营店尚且亏损严重，却在全国到处开展特许加盟业务。一卖牌子，二卖技术，其他后续服务一切皆无，至于加盟店能否盈利，就靠加盟店自己的造化。以近十年连锁加盟为例，曾经名号甚是响亮的企业盟主，很多已经从特许加盟的江湖中消失得无影无踪。这种商业模式的发展战略，充其量是一个摆设，对企业发展毫无用处。

同样是借鉴于川渝火锅模式的内蒙小肥羊，靠创新打造了一个与海底捞模式异曲同工之妙的商业模式，在短短十几年的时间里，从无到有，做得风生水起。和传统的火锅模式不同，小肥羊放弃了传统火锅最具特色的"火锅蘸料"，创造性地把火锅分成了"蘸料火锅"和"不蘸料的火锅"，其他火锅企业做的都是蘸料火锅，而只有小肥羊做的是不蘸料的火锅，所以小肥羊一炮打响，成为火锅行业的后起之秀。虽然后来小肥羊同样提供火锅蘸料让顾客自愿选取，但"不蘸料的火锅"一直是它引以为荣的称号。在塑造企业形象上，小肥羊更聪明，它把自己和蒙牛、伊利置于同样蒙古特色的背景之下，采用蓝天、白云、草地、肥羊为图案，大打绿色食品牌，表述小肥羊来自于内蒙锡林郭勒草原，"喝矿泉水、吃中草药"，天然无污染。这种整合，使小肥羊火锅的整体感觉，一下子从传统火锅中脱离开来，在顾客的心智结构中，确立了与传统火锅分庭抗礼的位置，打造了一个与传统火锅完全不同的新模式——"内蒙火锅"。新的火锅模式建立之后，小肥羊开始建立自己的战略构想。从最初的发展加盟店，到后来回收加盟店改造为直营店，再到整合企业资源打包上市，小肥羊不断调整布局，将小肥羊模式发挥到了极致。

缺少好的商业模式，即使拥有知名品牌也难以生存。

2004 年，我应邀为小肥羊烟台一路顺加盟店调整经营系统时，发现当时的小肥羊在山东的运营商对加盟商缺少有效的指导手段，除向加盟商销售调料块外，没有更有效的盈利措施，加盟商的生存完全依赖自己的经商悟性，生意不好也只能自谋生路。企业形象不统一、环境不佳、设施老旧等问题，使企业毫无特色可言。于是，我有意识地为这家加盟店注入文化内涵，引入时尚感觉，突出店面形象，取得了很好效果。

当时，一路顺小肥羊加盟店在山东烟台开设了 4 家火锅店，在经历了开业初期的火爆之后，四家火锅店的生意陆续陷入低谷。尤其是烟台开发区店和莱山新区店，销售状况更是不容乐观。在和投资商沟通后，我为小肥羊一路顺加盟店提出了"突出形象，调整氛围，简化品类，导入时尚"的方案，建议投资商统一企业店面，重新装修改造，去除可有可无的炒菜品种，塑造成个性鲜明的企业形象。尤其在店内装修上，汲取洋快餐的装修元素，洋为中用，把店内的整体基调规划成"阳光、健康、温馨"，利用色、形、光的综合作用，建立与传统火锅不同的"新火锅感觉"。这两家火锅店重新装修开业后，效果超出想象，火爆异常，很快从低迷的阴影中走出来，成为山东胶东地区火锅企业竞相效仿的典范。

海底捞的商业模式固然优越，但如果单纯模仿或照抄海底捞模式，学会的恐怕只能是一个表象。条条大路通罗马，有进取心的企业学习海底捞，应该通过海底捞的"表"，体会海底捞"冰山"下面的"质"，根据自己企业的具体情况，打造适合自己的商业模式。

模式创新你学得会

很多企业的经营者、管理者，为了学到优秀的商业模式煞费苦心，不仅向书本学，向前辈请教，而且还虚心向同行了解。

北京某火锅企业，为了真正摸清海底捞模式的成功秘密，派出以总经理为首的十多名员工到海底捞打工卧底，了解各个岗位的真实情况。五十多岁的总经理本人，以保洁员身份在海底捞一干就是两个月，多层次了解海底捞的理念和运行机制，收效非常明显。目前，这家火锅店按照海底捞模式已经在北京开办了十多家直营店，成为一家风头很劲的火锅品牌。

创新企业商业模式，通俗来讲就是"加加减减"，即在现有商业模式的基础上增加或减少某种商品、服务或特性，使企业的商品或服务在某一点上更具"独特性"，形成企业自身和竞争对手之间的有效间隔。经营者在市场调研的基础上，根据企业自身的经济实力和技术状况，对企业商业模式各个要素进行总体设计和具体安排。构成企业商业模式的要素是商圈分析、顾客锁定、战略定位、形象塑造、氛围设计、品种搭配、服务规范、文化提炼、营销推广等。各个要素之间的关系，是息息相关、紧密配合的。管理学中著名的木桶理论可以很好地解释这种关系：企业经营模式的塑造，取决于各要素中最短的"一块木块"；否则，其他的木块再高，也无法做到把木桶装满水。通俗地讲，就是企业经营模式的各个要素要平行登高，彼此依傍，效果才会明显。

创新商业模式必须要解决好这样三个问题。

第一，企业所处商圈的具体情况。要有针对性地对企业所处商圈进行分析，对商圈内的客流进行分类，选定企业自身的服务人群。海底捞模式的商圈、人群和其他模式的情况不一样，建立适合自己的模式，就要根据自身周边的情况来确定。

第二，同一商圈内的竞争对手。企业在确定经营模式时，应有意识地避免与竞争对手发生正面冲突，以免两败俱伤。要寻找市场空隙，屏蔽竞争对手，做到"相争不相克"，共同做大区域市场的"蛋糕"，提高本商圈的综合竞争力。海底捞和俏江南是一对冤家吗？答案是否定的。因为，海底捞的客人很难到俏江南去消费，反之亦然。这是由其顾客的消费特点决定的。但如果海底捞和俏江南联手进驻某一区域，必定会提高某一区域的餐饮魅力指数，加大餐饮蛋糕的分量，为自己吸引到更多的优质客流。

第三，投资者的经济实力和个人喜好。优秀的企业商业模式不是单一的，在同一商圈内存在着若干合理选项。不同的投资者，因个人经济实力和习惯秉性存在差异，即使面对相同的市场环境，所做出的选择也是不同的。

创新商业模式经常使用的方法大致有以下10种。

1. 突出重点法。根据企业的主要经营项目，进行浓缩包装。例如，四川省成都市的中华老字号餐饮企业陈麻婆豆腐馆，沿袭传统做法，主打重点品种，形成了以单品带菜系的川菜酒楼，成为与众不同的个性餐饮企业。

2. 文化（历史、地域）搭台法。这是一种常见的模式塑造方法。借助于风土人情、传说掌故的力量，重新整合企业的消费方式和菜品结构，让顾客在酒店消费，体验到文化的魅力。例如，咸亨酒店借用鲁迅笔下的酒店名称，选用浙江省绍兴市的人文掌故做背景，增添历史风味，渲染品牌效果。

3. 器皿渲染法。以菜品加工或烹制用的器皿为依据，创新商业模式。例如，景泰蓝火锅店利用火锅器皿的革新进步，大举推介景泰蓝火锅的文化感觉，营造出与众不同的效果。

4. 品种当家法。这是一种古老但生命力极强的商业模式规划方法。例如，全聚德烤鸭店用果木烤鸭做招牌，火爆经营一百多年，足见招牌菜品的魅力。尤其是刚刚进入餐饮行业的新手，采用品种当家法更容易建立特色，奠定运营基础。

5. 制法（烹调方法）绑定法。该方法专门突出菜品的烹调模式。例如，水煮鱼川菜馆用"水煮"做卖点，暗示企业的正统和老练，同样可以起到事半功倍的效果。

6. 格调植入法。该方法以营造消费气氛为卖点，环境舒适，价格不菲。例如，北京的兰会所，瞄准高端消费人群，营造令人震撼的环境氛围，关注品质，突出品位，淡化价格，为顾客提供超值服务。

7. 人群分层法。按照客户群体的消费档次，把顾客分成上中下三个档次，依据各档次人群的数量确定自身的经营模式。在每个档次中，还可以再次分成上中下三个档次。细分的目的，是为了在确定模式时定位精准。例如，百姓家常菜馆定位在普通百姓，盘大量足，价廉物美，企业开在社区如同百姓食堂，深受普通平民百姓的欢迎。

8. 母体寄生法。有些行业是寄生行业，靠零售为主，对人群的依赖性极大。在人群比较集中的地方建立合适的商业模式，分别寄生在超市、商场和宾馆里面，同样会得到顾客的认可。例如，来自瑞典的宜家餐厅以宜家家居店为依托，专门为宜家家居店顾客提供北欧风味的美食，备受青睐。在宜家餐厅的商业模式中，尤其以会员顾客可以免费享用多种饮品为卖点，极大增加了到店消费顾客的快乐体验。

9. 精华引入法。在不违反相关法律的情况下，照抄照搬本地或本国没有但外地或国外已经发展得非常成熟的模式，可以起到事半功倍的作用。例如，当前比较流行的泰餐厅，以浓郁的异国风情为基调，结合个性的餐饮文化，制造出迥异的餐吧效果。虽然菜式简单，但仍然获得目标顾客的较高认同感。

10. 功能搭配法。在正常的营业功能基础上，增设吸引顾客的新功能，放大商品魅力。海底捞火锅店设立等位区，增加免费食品，为顾客提供超值服务，让顾客感同身受。美国星巴克咖啡店为到店消费顾客提供免费上网服务，方便顾客商务办公，使星巴克咖啡的商品附加值翻番增长。麦当劳汉堡店辟出专门的儿童游乐区，吸引儿童游玩，乐此不疲，甚至淡化了麦当劳的餐厅功能。

此外，优秀的商业模式，还可以为企业开展特许加盟业务奠定了良好基础。特许加盟是对商业模式的放大和裂变。成熟的商业模式需要具备以下三个条件。

1. 个性。没有个性，既不能获得顾客青睐，更无法获得加盟商认同。个性元素是生命力。设立等位区并非海底捞的专利，但海底捞在设立等位区的同时，提供免费食品供顾客随意享用，为传统模式注入新的活力，这就使得新的模式充满个性，增添了海底捞模式的魅力。

2. 获利能力。建立优秀商业模式的目标是创富，无法有效获利的模式一文不值。近年来曾经红火一时的"土掉渣烧饼"、"七彩豆腐"、"小吃车"等新兴模式之所以短命，就在于无法让加盟商实现真正获利的基本要求，匆匆忙忙亮相，匆匆忙忙倒闭。缺少获利能力的商业模式，当然缺少生命力。

3. 简单。商业模式简单，才能够做到规范到位，统一标准。加盟商对于简单的模式，经过简单的学习就能掌握精髓，快速复制。海底捞模式并不复杂，认清其本质，复制并不难。真正的难点，是对海底捞模式核心理念的认同，长期坚持，倒显得弥足珍贵。未来的竞争，不需要企业全面超越，能够在某一点上高人一筹，便可以抢占先机，拔得头筹。

第二章

定位在青年白领

☺ 市场细分的任务，主要是分清企业服务对象的类别。企业要知道商品和服务卖给谁，卖多少钱，通过什么样的方式去卖，服务对象是否喜欢。无差异化的经营方法，在现今的市场竞争中已少有生存空间。

☺ 企业经营，应清楚认识自己的服务对象。服务对象是谁，服务对象的嗜好、习惯、消费能力都应该充分掌握，为有效开展经营活动奠定基础。

☺ 从理论上讲，任何人群都有一定的消费能力，关键是能否找到合适的商业模式。认识企业的服务对象，有目的地调整自己的商业模式，是企业长盛不衰的根本之道。环境在变，商业模式也需随之变化。

☺ 白领消费阶层的出现，是近年来大都市经济圈建立的衍生品，可遇而不可求。每个商业区域都有各自的主流客户群体，用不着为企业远离白领消费阶层而感到惋惜。找到自己的服务对象，深透研究，为其提供恰到好处的商品与服务，正是检验经营高手的标准课题。

☺ 名导冯小刚深知他的电影顾客的需求：一个貌似深刻的主题，一段引人入胜的故事，美丽的女主角和幽默的男主角诙谐好玩，再加上一种可望而不可即的浪漫情绪，一顿贺岁大餐就此齐活，足可引领票房赚取真金白银。值得借鉴。

张勇在海底捞模式的摸索中，最具成就的一件事就是找对了顾客，知道了谁是海底捞的财神。没有经历，就没有体会。近些年来，随着各地人才使用政策的改革，国家不再对大学生实行统一分配，大学生们自主选择就业渠道，云集天（天津）、南（南京）、海（上海）、北（京）等经济发达城市，诞生了"北漂"现象。这些漂在大中城市的年轻人以"80后"居多，收入较高，喜欢新鲜事物，成为城市里领异标新的消费一族。虽然海底捞一直以大众为自己的服务对象，但这个大众毕竟太模糊。进一步细分，海底捞的顾客是青年白领。海底捞模式的成功，就是伴随着这些消费一族的出现而取得的。

满足顾客需求

　　进入餐饮行业，很多投资人都会感到困惑：在每天熙熙攘攘的人群里，哪一位才是我的准顾客？同一位顾客，在他选择餐饮时，为什么选择这一家而不是那一家？选择的标准是什么？怎样才能使顾客经常光顾本店呢？

顾客是分层次的，不同的顾客在选择就餐地点时，会因品牌、环境、档次、服务、特色、口味、停车位、远近、人气、宗教、印象、价格、营销活动等，而有所侧重。

顾客们经常会有以下的说法。

* 口味好，我们自然就来了。
* 口味好，价格又便宜。
* 离家近，出门就到了。
* 这个地方环境好，有档次，价格还可以。
* 生意好的餐馆，我们爱去。
* 请客人吃饭，就得找个好地方，为了表达心意，出手不大方点儿行吗？
* 现在谁还上大酒楼去挨宰呀？我吃饭从来都到快餐店，吃得饱，还便宜。
* 餐馆的饭菜都差不多，关键看服务，请了一桌客人，服务员哭丧着脸，再好的饭菜，也不会有好气氛。
* 花钱不怕，就怕没好东西吃。
* 停车不方便，转了半天停不了车，再便宜也不能来。
* 门前单行道，拐弯别扭，过不来。
* 餐厅环境脏乱差，没法吃东西。
* 要啥没啥，上菜还慢。
  ......

不同的顾客对企业的要求截然不同。有的老板会问，顾客千差万别，企业怎样经营才能满足顾客的要求？从盈利的角度讲，企业应该分为两种类型：一种是赚钱的，另一种是不赚钱的。赚钱的企业认准一个理儿，认准自己的顾客，只做自己顾客的生意，除此之外，免谈。不赚钱的企业，做所有顾客的生意，希望把所有顾客的生意都拉到自己的店里。

赚钱的企业把自己的顾客看作是企业的主人。主人的想法、主人的利益、主人的烦心事，作为仆人的企业经营者知道得清清楚楚，企业要顺着主人的脾气，尽心竭力，为主人把事情办好。该省钱的，要省；该给面子的，要给；该上档次的，要上。主人和仆人是什么关系？是鱼和水的关系，相互依存，同舟共济。

不赚钱的企业不知道自己的优势在哪里，不知道自己该为谁服务。例如，一个小吃店偏偏把自己的主打品种定为南北大菜包办酒席。小吃还没有做好，就开始"胸怀大菜，放眼酒席"，生意自然不会好；再比如，某星级酒店，为了改变餐厅中午档口的清冷场面，推出 5 元、10元商务套餐，也会严重损伤自身品牌形象，让真正的顾客远离。

顾客究竟喜欢什么样的就餐场所？下面是一些有经验的餐饮职业经理人的说法。

* 实惠。凡是上我这儿吃饭的，就是图我的实惠，不糊弄人。大多是回头客。

* 方便。我们的餐馆离居民小区近，下楼就到了，比家里吃贵不了多少。

* 到这里吃饭的大多是进城务工人员，花钱不多，还要吃得实惠，没啥问题。

* 客户多，贵点儿没关系，就是得签字，啥时有钱啥时结账，还行，都是多年的朋友了，互相之间已经建立了信用。

* 做工讲究。单说这个包子，就有许多讲究。肉是排酸的品牌肉，先煮熟，再煸炒，然后酿馅。肉还不能剁碎，要切成丁，让顾客感到确实是吃到肉了。每斤肉只配半斤其他菜类，包出来的包子那才叫个好吃。

* 顾客饿了，就得在这儿吃。所以，商贸区里开快餐价格别太高，比一般饭店略高一点，顾客能接受，关键是卫生要达标，别让客人就餐时犯堵。

* 口味正宗。我们来自新疆，到这里吃饭的以新疆人为主，我们的调料特别纯正，拉条子和大盘鸡是我们的特色。

……

从餐饮职业经理人不同的观点中可以看出，各家企业的顾客是不同的，有图便宜的、有要档次的、有为方便的、有喜特色的。根据经理人的经验，以下类型的企业备受欢迎。

1. 企业商业模式符合所处商圈的消费习惯。很多企业的失败，不是败在资金实力的不足，而是败在商业模式违逆所处商圈的原有习惯。仅凭一种经营上的单相思，在没有充分认清本商圈消费规律的情况下，强行推行自认可行的商业模式，受到商圈主力客户群的集体排斥。这种自说自话的经营臆想病，因缺少顾客响应，往往半途而废。

2. 根据企业自身条件，满足特定顾客群的消费需求。有些企业往往不切实际地好大喜功，盲目追求豪华、高价、多功能，导致项目在运营中途资金链断裂，无功而返。例如，当前餐饮行业涌动着一股开办高档会所的潮流，大投资，高档次，多功能，极尽豪华奢靡，明显超出了餐饮消费的需求能力，其经营前景充满凶险。投资商仅仅看到少数几家会所盈利，没有看到大部分会所门可罗雀，便满怀信心地把自己划入到未来的少数盈利企业的行列之中，投资结果隐含了太多的不确定性。

3. 具有鲜明的经营特色。个性的商业模式才具有生命力。真正有希望的企业，一定是那些着眼于顾客需求、发挥出自身优势、具备与众不同的个性经营项目。"不怕有缺点，就怕没特色"，这是对企业经营规律的精彩概括。

4. 把某一环节做到极致，如环境、品种、服务、价格、便利性等，哪一项都可以。在一种商品、一杯茶、一项服务、一个菜系、一种主题上，都可以大做文章。"一招鲜，吃遍天"，这句老话在企业经营中同样适用。

5. 始终如一，坚持到底。为特定的顾客，在特定的环境，提供特定的服务。一旦确定商业模式，企业就应该长期坚持，把企业经营中各个环节的事情都做好，切忌左右摇摆。有些经营者心中无数，对企业的未来缺少远见和规划，不善于整合各方面的建议为长期发展战略，而喜欢孤注一掷式的"舍命一搏"，把科学的企业经营变成了赌博，失败当然在所难免。

海底捞的定位

先来确定一个概念，什么叫做定位？这个问题并不玄妙，企业经营定位，就是告诉顾客企业是什么。同一个餐馆，同一个菜系，可以告诉顾客企业是酒店、酒楼、餐吧或休闲餐厅。定位不同，留给顾客的想象空间和心理暗示就不同，由此所产生的经营成果也大相径庭。之所以要确定这个概念，是因为很多人都在谈论定位，但对定位概念的了解并不深透，总认为定位就是定档次、定价格，无法有效沟通真正的定位方法。

张勇为海底捞制定的广告语是"好吃的火锅会说话"，也就是说，海底捞的定位是"好吃的会说话的火锅"。火锅大类是没有异议的，但海底捞把火锅分成了会说话的火锅和不会说话的火锅两类。海底捞属于会说话的，有些火锅则属于不会说话的。虽然有些牵强，但毕竟把其他火锅推到了自己的对立面。企业经营定位经常使用的方法就是把其他同类企业推到对立面去，让自己和他们明显不同。海底捞也推了，但必须承认，海底捞的成功和这个定位真的关系不大。企业定位，不是企业想怎样就怎样，而是要寻找顾客希望企业怎样，企业才能够怎样。海底捞的顾客希望它是一个"好吃的会说话的火锅"吗？好像不是。我推测，能够记住那句广告语的顾客并不是很多。我认为，海底捞应该是"新生代火锅"，即理念新（融汇南北火锅特色）、标准新（海底捞的锅底用油不是传统老油，而是单独包装的新油，符合现代人的健康卫生要求)、服务新(著名的"变态"服务)、顾客新(年轻白领)、管理新(全新的绩效考核体系),这样的新生代火锅为什么要去"会说话"?如果海底捞为自己贴上"新生代"的标签,那么35岁以下的年轻人对海底捞的忠诚度会更高。照此说来,海底捞的品牌内涵不是更有竞争力吗?如果将来有一天张勇能够看到这一段文字,希望他能接受忠告,把海底捞重新定位成"新生代火锅"。我在这里打包票,海底捞的顾客肯定会非常认同我寻找的这个定位。当然,这是题外话。现在,我们还是来仔细分析海底捞火锅是怎样围绕说话做文章的。

一是用真情说话。张勇喜欢简单,喜欢真。张勇对采访他的记者说:"我看到有的餐厅训练服务员,微笑要露出八颗牙齿,嘴里夹着根筷子训练,我说那哪是笑啊,简直比哭还难受,那些僵硬的笑容,并不是发自内心的。海底捞从来不做这类规定,激情+满足感=快乐,这两条都满足了,员工自然就会快乐,并把这种情绪带到工作之中。"所以,海底捞的服务员对待客人的态度,确实是发自内心要让顾客满意。笑是真笑,心是真心,只有真情才能换来顾客真诚的回报。

二是用周到说话。客人点菜的时候,服务生会提醒客人可以点半份,还会告诉客人已经点得差不多了,再多就是浪费。这同一些餐厅的服务员拼命给顾客推荐大菜形成了鲜明对比,此时已让你不得不对这家餐厅产生好感了。对戴眼镜的顾客,服务员还会给送上一块柔软的眼镜布供你擦拭,手机套也会给你备用。就餐的时候,服务员会把围巾给顾客准备好。最后结账的时候,尽管不会很便宜,但你会觉得很值,下次还想来,甚至介绍朋友来。

三是用品质说话。生意好的企业,商品的新鲜度一般都好。当天采购的原材料，最多第二天就可以销售完毕，商品的新鲜度自然可以达到标准。海底捞的原材料采购，可以用鲜、纯、香、短、嫩概括，即鲜度好、纯度高、香味厚、时间短、口感嫩。成功的餐饮企业大都信奉"选好料、做好菜、应好客、卖好价"。在这种比较"低级"的问题上，海底捞自然不会出现偏差。

四是用诚信说话。有餐饮同行闻听海底捞生意火爆，便组织单位骨干到海底捞考察。同行进门，从点菜开始便横挑鼻子竖挑眼，处处刁难。在数量、口味、服务、赠送、打折、免单等若干环节上不断地怀疑、探究、嘲弄、指责，终于在海底捞服务员无可挑剔的服务中结束拷问。临走时不由得坦言相告："我们是同行，你们做得真是不错!"其实，从那些人进门开始，服务员们就看出来他们是同行。做餐饮的人，眼睛尖着呢，如果不能在一个照面之间判断出顾客的身份，那肯定不是合格的餐饮人。海底捞信奉诚信，不论是普通顾客，还是到店考察的餐饮同行，只要是进店消费，都会以诚相待，不差分毫。

五是用忍让说话。餐饮人的"忍"功，确实非一日所能练就。自古以来，就有一种"花钱的是大爷"之说。所以，有些人到餐饮企业消费的时候，总是摆出高高在上的架势，吆五喝六，拿服务员不当人。尤其是酒过三巡之后，更是"天老爷老大他老二"，蛮不讲理。在大多数情况下，海底捞服务员采取了端正心态、感动顾客的方法，多赔笑脸，多说好话，让客人高兴而来，满意而去。遇到不讲道理的客人，尽可能忍气吞声，化解纷争，吃一点小亏了事。

这样说话的结果，是逼迫竞争对手陆续退出市场，让开大路，自己独享胜利成果。市场竞争异常惨烈，要么胜，要么败，根本没有和平共处之说。一路走来，海底捞让若干个竞争对手纷纷知难而退。每当海底捞到某一区域开设分店，当地必然惊呼一片"狼来了"的喊声。这就是市场竞争，这就是优胜劣汰的自然法则，你不强壮，就只有被强壮者打败。不过，海底捞做得好，说得好像不是很到位。如果把海底捞的定位确定为"新生代"的话，海底捞的品牌魅力会更强。如果有一天海底捞和小肥羊相邻开店，结局会是怎样？究竟是会说话的火锅受青睐，还是不蘸料的火锅受欢迎？

为青年白领服务

我和我的调查小组以海底捞北京大慧寺店、白家庄店、西单店作为调查的样本，随机选取了两个中午、三个晚上的时间段进行顾客调查，发现28～35岁之间的人群占全部受访顾客的68%左右，男女比例接近。根据目测观察，五次抽样的结果显示到店消费顾客具备以下特点：多为同事、情侣、家庭消费；指定消费场所；乐意等待，喜欢免费食品和水果；烈性酒消费量低，啤酒消费量中等，软饮消费量高；喜欢和服务员聊天；态度谦和；回头客居多；结账时对消费金额不太计较；受过良好教育，思路清晰，谈吐不凡。

如此传统的川渝火锅模式，竟然受到了号称新新人类的"80后"人群的欢迎，真是让专业人士大跌眼镜。加了一个等位区，为这个传统模式注入了一些时尚元素，就能够得到这些"新都市人"的喜爱？下面我们分析一下这些新都市人都有哪些消费特点吧。

集中在各个大城市打拼奋斗的新都市人，大都在 20 世纪 70 年代末以后出生。他们中的绝大部分在家里是独生子，尽管家里经济条件各不相同，但独生子的中心地位仍然让他们大多养成了以自己为主的生活习惯。他们理所当然地认为，自己才是生活中最应该关注的部分，其他人是否认同，并不在他们的人生字典中出现。所以，只要喜欢，他们会一掷千金，不会过多地顾忌他人的感受。他们习惯从物质享受过程中获得快感，具有鲜明的品牌意识和品质感觉，消费主张认同于好的或更好的。加之拥有较为可观的经济收入，所以他们的消费能力已经成为城市中的新兴力量。

所谓的白领工作其实并没有想象的那样好。他们工作压力大，上班途中花费的时间长，缺少自己在家做饭的空间和精力。所以，他们喜欢到公共餐厅解决一日三餐。由此，城市里的餐馆生意越来越好。

虽然他们要供车贷、供房贷，但因为他们缺少和市场小商小贩们的实战演练，白领们对农贸市场的原材料价格模糊不清。他们的购买经验更多地来自于大型超市。看好什么商品，往推车上拣选就是了，然后到收款处依赖收款机计算，按单子刷卡付款。当生活被这些现代设备变得简单的时候，人类的思维功能似乎开始退化。他们甚至都懒得再仔细巡视一遍账单。能够粗略地检查一下合计数字，就已经是这群人中的佼佼者了。他们并不像父母期待的那样精明，没有商家毛利概念，习惯于判断自己能够支付得起账单中的数字。

他们单纯，爱消费，够仗义，是这些新都市人最明显的特征。

海底捞的商业模式，恰好和这些新城市人的消费能力相对接。

海底捞设立快乐的等位区，能够让他们在品尝免费食品的同时，还可以重温儿时的游戏时光。这些游戏真的可以让他们重拾童趣，发现自我价值的存在，感受生活的真正意义。没有学习任务，没有家人责骂，没有失望眼神，所有的一切都可以悠然享受，何其乐也。

海底捞设计了动作夸张的"舞面"，在西北油扯面的基础上，加上面点师大开大合的动作，将一根面舞得眼花缭乱，还要等待顾客寻觅结局时，将面线甩向认真观看的女孩，吓出一声尖叫，再将面线收回，整理后放入锅中，随后又是一阵善意会心的哄笑。一根面也要精心设计到如此地步，怎能不"捕获"这些新都市人的"芳心"？

海底捞服务员对客人的称呼是邻家小妹般的"大哥"、"大姐"、"叔叔"、"阿姨"，没有生硬的"先生"、"女士"、"夫人"，目的就是让顾客拥有邻居一样的感受。一个人寂寞，服务员会主动过来和客人聊天。身体不舒服，服务员会帮助客人拿来免费的豆浆或饮料，嘘寒问暖。对于离家在外的游子，还有比关心更让人感动的吗？

海底捞知道顾客愿意为一顿饭支付多少钱。菜谱是经过精心设计的，荤素搭配合理，人均消费适度。在2010年6月之前，人均一般为50~100元。自2010年7月开始，人均消费要达到80~150元。这个消费水平，在经济发达的大城市还是能够被顾客们所接受的。这就是海底捞的精明之处，也是所有成功餐饮企业的不宣之秘。把顾客的关注点转移到人均消费上去，这样，顾客就不会纠缠于具体的菜品之中。顾客需要的是综合体验，为这一餐饭花费一定数额的金钱感觉是否值得，至于吃什么，有时候并不太介意。

更关键的是海底捞永远有人排队。对于"80后"白领来说，没有什么比品牌更让人着迷的了。排队等位意味着生意火爆，生意火爆意味着品质优越，品质优越意味着管理规范，管理规范意味着品牌卓著。就是这么简单的推理，让很多拥有高学历的"80后"白领，跟在没有高学历的"80后"蓝领服务员后面，亦步亦趋，使海底捞时时进步，日新月异。

新都市人现象，只在这些经济发达的大城市中出现。与此对应的，是那些处于边远地区中小型城市出现了消费断层。只有在每年春节期间，新都市人返还家乡的时候，那些城市的餐饮企业才会迎来少见的火爆。假日结束，随着新都市人的陆续离开，那些城市的餐饮市场又重新回归沉寂。所以，海底捞现在的开店策略是集中在经济发达的大城市，而对于三类城市以下的区域，则留给了那些对学习海底捞模式颇有心得的游击队企业。

不是第一，就是唯一

企业如何为自己做好定位？为保持胜势，企业应在对企业内外资源进行整合的基础上，参照众多竞争对手的经营状态，避其锋芒，发挥长处，提出自己占据领先位置的"标签"。这个标签既要符合企业的实际情况，又要获得顾客的认同，不是第一，就是唯一，方能提纲挈领独树一帜。例如，一个普通的玻璃酒瓶，用作盛酒的时候，这个酒瓶的身份是"包装物"；被人当做武器伤人的时候，这个酒瓶的身份是"凶器"；几百年后，后人从土里挖出酒瓶放到拍卖行进行交易的时候，这个酒瓶就变成了"古董"。随着环境的变化，酒瓶的身份分别变成了"包装物"、"凶器"和"古董"。酒瓶的主人单方面这样认为，我们把它叫做"企业定位"。如果这种认为和周边的人们看法一致，那么这种认为就上升了一个等级，叫做"精准定位"。但是，无论"企业定位"还是"精准定位"，均需要具备强烈的排他性，"不是第一，就是唯一"，否则这个酒瓶很容易被埋没在众多的酒瓶之中，无法崭露头角。定位手段的应用，是企业商品明显供过于求、企业间竞争明显加剧的产物。企业定位的基本任务就是让企业在一堆企业中显露出来，方便顾客挑选。

每一类企业中，一定会有一个"带头大哥"，这就是所谓的"第一"。如果你的企业无法承受来自"第一"的压力，那么就要另辟蹊径，为自己重新开辟一个新类别，成为"唯一"。全聚德是烤鸭店的第一，顺风是粤式海鲜的第一，狗不理是包子店的第一，静雅是鲁式海鲜的第一，郭林是家常菜的第一，东来顺是火锅店的第一。这些企业之所以能够获得第一的位置，是因为历史积淀和经年传播形成的，厚积薄发，占据了天时、地利、人和，后来者若想正面赶超第一，谈何容易。但位列其后的企业，可以从大类中独立开来，建立小类，辟出自己的"唯一"空间。所以，小肥羊建立了"不蘸料的火锅"，俏江南建立了"时尚餐厅"，海底捞建立了"清油火锅"，大董烤鸭建立了创意菜，大鸭梨建立了平民烤鸭。更有一些弱小的餐饮企业，纷纷另立山头，如海参馆、焖鱼馆、烤肉店、鸭头店、农家乐、日式拉面等，成为独霸一方的"山大王"，活得倒也逍遥自在。

我在为东北某地酒楼设计系统创富解决方案时，专门整合了一套北方蒸菜作为企业特色进行推广。但是，蒸菜的概念是属于南方的，北方地域虽然有蒸菜品种，但大都限于在百姓家中烹制，酒楼场所很少使用，所以这套北方蒸菜的推广，总是让顾客感觉不正宗。于是，我撰写了北方风格的广告稿件，通过报纸、店内广告向顾客传播。

驰名滨城的杨家蒸菜，汲取南北名家众长，独创北派蒸菜概念，在餐饮江湖中标新立异，一骑绝尘。杨家蒸菜以招牌菜"杨家四大蒸"为核心，辅以20道蒸菜为骨干，君臣统领，主从森严，师法自然，口味独特，深受美食家们的青睐。北派蒸菜的概念，首先由杨家花园酒店提出，也首先由杨家花园酒店整理和丰富。血肠蒸白肉，便是北派蒸菜中的经典作品。北方人，尤其是东北人，没有吃过这道菜的很少。简单而豪气，是什么就是什么，就是这道菜的灵魂。不过，难得的是在城里难以找到美味的农家猪肉，好在，杨家蒸菜替您办了，原料选用纯粹的农家猪肉。您尝一尝，再点评一番。

通过建立北派蒸菜的概念，使杨家蒸菜独立于蒸菜之外，成为和南派蒸菜并驾齐驱的小类，获得了正宗的地位。

企业创立自己第一或唯一的地位，关键是要分类。而分类的关键之处在于分组标志。确立什么样的分组标志，也就确立了什么样的企业定位。所谓分组标志，是指企业具备的特点或倾向主张。海底捞以"说话"为分组标志，便将火锅分成会说话的火锅和不会说话的火锅；如果以"新生代"为分组标志，那么火锅便分成了"新生代"的火锅和"老一辈"的火锅；如果以川渝火锅为分组标志，那么火锅便分成了川渝火锅和非川渝火锅。毫无疑问，在"会说话"的火锅和"新生代"的火锅中，因为从未有企业这样传播过，所以海底捞先传播，就会首先获得认同。但在川渝火锅中，四川、重庆地界南下北上的火锅企业成群结队，海底捞排第几？

饮料市场的一对老冤家可口可乐和百事可乐对定位深有体会。可乐饮品由可口可乐公司发明，但随着百事可乐的出现，可口可乐的市场霸主地位渐渐动摇。于是，为了排挤百事可乐，可口可乐提出了"最正宗的可乐"的概念，合情合理，堂堂正正。百事可乐没有回避事实，针锋相对提出了"新一代的选择"，让可口可乐成为了中年人、老年人的专用品，自己独享年轻人的市场。可乐饮品的主力消费顾客原本就是年轻人，中年人和老年人对于可乐市场来说根本不重要。因此，当年轻人认同百事可乐的定位之后，可乐饮品市场生生被百事可乐吃掉一块。两者的口味究竟有多大差异？我不知道，好像很多人也都不知道。

中国最有名的包子店肯定是天津的狗不理。在北京王府井大街，四十多元一屉的狗不理包子还要排队购买。狗不理包子真的有那么与众不同吗？除了价格高，别的还真的看不出来。但是，中国第一包子的身份让狗不理拥有众多粉丝，前往品尝者络绎不绝。这就是定位的能量，翻手为云，覆手为雨，全凭借一个给力的分类。

找准服务对象你学得会

找准服务对象，用专业的市场营销术语称之为市场细分，即把企业所面对的目标市场细分为若干个小部分，只针对其中的一个或几个小市场发力，用有限的资源，图谋长期形成自己的势力范围。在现代市场的竞争中，包打天下的企业已经很难立足，要想生存下去，必须有目的地屏蔽竞争对手，划分势力范围，建立自己的根据地。大企业是这样，小企业也同样如此，由于选错目标市场而导致企业一败涂地的例子不胜枚举。

划分服务对象，把企业的服务对象划分为若干顾客群，便于企业有针对性地做好定位，量身定做合适的商业模式。群与群之间，充满了相斥和相合。例如，商务客人和宴会客人非常对立，经常举行宴会的餐饮企业，对商务客人来说，往往起到一种"驱赶"的作用。而明星客人，则容易引起其他顾客群的好奇和兴趣，起到"相合"的作用。所以，开展市场细分工作，就是从战略高度把握顾客群的"斥"与"合"，为制定经营决策奠定基础。

市场细分的关键取决于市场的分类，而市场分类的关键取决于分组标志的选定。选准分组标志等同于市场细分方法建立在科学合理的基础之上，市场竞争策略的可行性无疑更高。例如，分组标志按性别进行分类，市场可以分为男人市场和女人市场；按年龄分类，可以分为老年人市场、中年人市场、青年人市场、儿童市场；按区域分类，可以分为城市中心区市场、副中心区市场、郊区市场；按功能分类，可以分为商务市场、公务市场、休闲市场、日常市场；按价格分类，可以分为高价位市场、中价位市场、低价位市场等。

选择目标市场，要看所处商圈的人群构成、企业的核心竞争力和老板个人的脾气秉性。不同的商圈，消费人群不一样，消费特点自然不一样。企业经营讲究相配，即企业的经营模式要与周边的人群主流相通，相互理解，相互信赖，企业生意兴旺也就不足为奇了。核心竞争力是企业多年打造的资源、特色或定式。目标市场的选择，要有利于发挥企业的核心竞争力，以己之长扬己之威。选择目标市场，还要和企业老板的个人脾气秉性相结合。每个人的经营风格不尽相同，企业经营不可避免地会打上个人烙印，细节、专长、社交、经历、习惯、眼光、隐私、目的，别人无法代替。

尽管各家企业大小不一，但是资源有限这一点是一样的，包括人员、经营面积、资金、加工能力、时间等。因为资源有限，所以我们必须要集中使用，投入到一个能源源不断产生效益的目标市场中，以维系企业的生命。

要仔细研究细分市场的顾客群。例如，这一部分人是谁？他们的收入怎样？他们几点上班、几点下班？通常，他们在周末经常聚会吗？他们最喜欢的商品是什么？选择企业的标准是什么？他们到企业的目的是什么？他们到企业消费，花费多少比较合适？他们的口味怎样，喜欢味重还是清淡？

接下来，摆在企业面前的问题是，企业能为顾客做些什么？企业必须要为所圈定的顾客群殚精竭虑，拿出最合适的商品让他们满意。

如果企业尝试为两个以上的顾客群服务，结果会是怎样？多年的企业经营实践证明，随着顾客群的增加，企业的魅力指数也会随之降低。除了为企业增加更多的费用外，别无他用。旅游团队与商务客人在同一餐厅里消费必定产生抱怨，火锅和中式熘炒在一家餐饮企业同时经营也会给顾客带来定位认同上的困惑。企业对顾客群的关注应该是专一的、执著的、细致的，自始至终，无微不至。企业品牌之间是存在疆界的，在没有掌握充分的根据之前，不能轻易跨界。在自己的区域里做好自己的事情，才是企业的兴旺之道。

　　某些洋快餐企业的经营之道给了我们很大的启发。按照我们传统经商方法对餐饮经营的理解，麦当劳的商品搭配简直不可思议，两片面包夹一块煎肉制成的"汉堡包"，再加上薯条和可乐，竟然可以在世界众多餐饮市场上立足。和汉堡包相比，我们有太多的传统品种值得称道，可是为什么有的在与洋快餐的较量中处于劣势？对餐饮市场不加区别，为所有人服务的思维定式，不能不说是一个主要原因。麦当劳的目标市场非常明确，就是青少年市场，地点、商品、环境、音乐、标识、促销、定价、宣传、标准等所有细节，都是针对青少年顾客群的消费特点制定的，不知不觉中，青少年已经把麦当劳看作是老朋友，难舍难分。不少洋快餐企业没有烟酒供应，所以它们给外界的印象是阳光的，负责任的。我国的企业经营者应该借鉴国外先进的运营方法，细分目标市场，挖掘自己的核心竞争力，打造品牌力更强的餐饮企业。成功的企业经营实践证明，细分顾客群的方法是有效的，上海城隍庙的南翔小笼包就是一例。这家小包子店，以外地旅游者为目标，以市郊南翔镇的一种包子为特色，选料精细，现做现卖，深受顾客的欢迎。

第三章

商品：卖出不同的感觉

☺ 我国一传统商谚道："人叫人千声不语，货叫人点首即来。"听来有一种顿悟的感觉。人叫人，便是今天的拉关系之意，千声不语，呼唤多次仍然难觅回音。货叫人，是用货品吸引顾客；点首即来，就是稍稍客气一下，就能够吸引顾客上门。这个商谚告诉我们，商品好才是硬道理。

☺ 中华美食各个菜系都拥有自己的成名招牌，如川菜的麻婆豆腐、湘菜的剁椒鱼头、鄂菜的黄陂三合、徽菜的臭鲑鱼、淮扬菜的狮子头、粤菜的烧鹅、鲁菜的九转大肠、闽菜的佛跳墙、浙菜的西湖醋鱼、京冀一代的烤鸭、东北菜的锅包肉等，久经历史考验，深受顾客欢迎。但不同师傅烹制，其口感差别甚大。除烹调技巧因素影响外，食材因素也非常关键。食材比烹调手段更重要。

☺ 海底捞的过人之处是在菜品的色、香、味、形、器的设计上十分用心，将一个普通的火锅菜品卖出了不一般的感觉。学习海底捞，是学习海底捞用心做事的理念，而不是照抄照搬海底捞的菜品种类和盘式风格。因为用心，所以专业。

☺ 不要为没有特色菜品发愁。只要用心琢磨，任何一个品种都可以包装成特色。把商品做到极致，是企业经营得以成功的基本前提。

如果仅仅从菜单上来判断，海底捞的菜单和成百上千家的川渝火锅店差异不大。但海底捞从三个方面制造差异点。

　　一是保持品质稳定。海底捞通过制定商品标准和工艺流程，固化商品质量，避免忽好忽坏问题的发生，与那些靠经验管理的企业拉大差距。

　　二是研发新菜品，增加花色品种，做火锅菜品研发的"领头羊"。

　　三是汲取其他菜系的创意精华，在出品上做文章，为顾客带来更多的新鲜感。

海底捞的菜单

　　企业的盈利秘密，有百分之八十藏在菜单里面。商业模式的设计和经营思想的体现，必须通过菜单来完成。我们通过对海底捞菜单的研究，试图从中获取海底捞控制企业盈利和顾客心理承受临界点的思路和方法。

海底捞

海底捞友情提示：
菜品可点半份，可用“0.5”数字表示；
点一或二份用“1”或“2”数字表示。

桌号：　泊车号：
包间：　服务员：
大包 □ 小包 □
网上订餐地址：www.haidilao.com
顾客姓氏：
客户特殊需求记录：

新品推荐
蔬菜滑 26元/份
荆沙鱼糕 26元/份

新推火锅
香辣鱼头火锅 ¥45/锅
花鲢鱼头 ¥28/份
无渣火锅 ¥53/锅
香辣黄腊丁 ¥100/大锅 ¥80/小锅
野生菌火锅 ¥63/锅
蹄花火锅 ¥49/锅
红油火锅 ¥49/锅
鸳鸯火锅 ¥49/锅
三鲜火锅 ¥49/锅
红番汤火锅 ¥49/锅

手工丸滑类
鲜贝滑 ¥30/份
黑山羊肉 ¥26/份
蟹黄墨鱼滑 ¥36/份
手工墨鱼丸 ¥36/份
撒尿牛肉丸 ¥28/份
西式牛滑 ¥32/份
脆骨鲜肉丸 ¥23/份
丸类组合 ¥42/份
鲜虾滑 ¥40/份
野生菌香肉丸 ¥23/份
鲜羊肉丸 ¥22/份
潮州牛肉丸 ¥26/份

海底捞特色菜
手切羊肉 ¥30/份
海底捞滑牛肉 ¥32/份
海底捞鲜毛肚 ¥32/份
绿色千层毛肚 ¥32/份
鲜黄喉 ¥32/份
海底捞笋片 ¥22/份
香竹荪 ¥32/份
海底捞血旺 ¥17/份
海底捞豆花 ¥12/份
捞面 ¥4/条

涮、煮类
雪花肥牛 ¥78/份
精品肥牛 ¥48/份
肥牛 ¥33/份
内蒙羔羊肉（卷） ¥25/份
鲜牛腱肉 ¥27/份

鲜牛舌 ¥22/份
鲜黄腊丁 ¥40/份
鲜泥鳅 ¥24/份
草鱼头 ¥22/份
鲜鱼排 ¥20/份
鲜鱼片 ¥22/份
猪蹄 ¥26/份
鲜肥肠 ¥22/份
猪脑花 ¥24/份
酥肉 ¥22/份
腰花 ¥26/份
梅林午餐肉 ¥22/份
双汇脆皮肠 ¥20/份
鲜鸭舌 ¥28/份
鲜鸭肠 ¥22/份
鸭胗 ¥24/份
竹节虾 ¥28/份
蟹肉 ¥15/份
鹌鹑蛋 ¥16/份
鲜墨鱼仔 ¥23/份
鲜鱿鱼须 ¥20/份

豆制品和其他类
口袋豆腐 ¥15/份
冻豆腐 ¥16/份
豆腐 ¥12/份
高碑豆腐皮 ¥15/份
油豆腐皮 ¥14/份
炸豆皮 ¥16/份
腐竹 ¥14/份
年糕 ¥12/份
金针菇 ¥19/份
香菇 ¥15/份
平菇 ¥14/份
鸡腿菇 ¥15/份
蟹味菇 ¥12/份
菌类拼盘 ¥30/份
竹笋 ¥12/份
野生木耳 ¥16/份
海带 ¥12/份

川粉带 ¥12/份
鲜苕皮 ¥16/份
白粉带 ¥10/份
水晶粉丝 ¥8/份
魔芋 ¥8/份
魔芋丝 ¥8/份
土豆 ¥12/份
红薯条 ¥12/份
鲜山药 ¥14/份
藕片 ¥11/份
青笋 ¥12/份
冬瓜 ¥9/份
白萝卜 ¥10/份
菜花 ¥8/份
龙须面 ¥7/份
生鸡蛋 ¥1/个

绿叶蔬菜类
豆苗 ¥8/份
蒿子杆 ¥12/份
茼蒿 ¥14/份
油麦菜 ¥10/份
大白菜 ¥11/份
香菜 ¥12/份
菠菜 ¥12/份
长生菜 ¥10/份
包心生菜 ¥10/份
蔬菜拼盘 ¥22/份

小料类
自选小料 ¥9/位
柠檬茶 ¥4/位
豆浆 ¥4/位

海底捞凉茶 ¥4/位

小吃、凉卤类
白衣山药 ¥12/份
雪媚娘 ¥12/份
四川叶儿粑 ¥10/份
窝窝头 ¥10/份
炸馒头 ¥8/份
金银馒头 ¥8/份
担担面 ¥3/碗
蛋炒饭 ¥3/碗
赖汤圆 ¥2/碗
米饭 ¥2/碗
火烧 ¥2/个
开胃蕨根粉 ¥12/份
桃仁乳瓜 ¥12/份
山椒凤爪 ¥17/份
醋泡花生 ¥12/份
玻璃西芹 ¥12/份
花生米（油炸） ¥12/份
四川泡菜 ¥10/份

酒水类
52° 500ml五粮液 ¥898/瓶
52° 500ml国窖1573 ¥698/瓶
52° 500ml剑南春 ¥468/瓶
38° 500ml五星金六福 ¥187/瓶
52° 500ml小糊涂仙 ¥268/瓶
46° 400ml口子窖 ¥130/瓶
46° 200ml口子窖 ¥88/瓶
42° 450ml老口子 ¥79/瓶
12° 750ml王朝干红 ¥79/瓶
12° 750ml长城干红 ¥69/瓶

12° 750ml茅台98高级解百纳 ¥69元/瓶
12° 750ml茅台木盒珍藏解百纳 ¥228元/瓶
38° 500ml四星金六福 ¥76/瓶
38° 500ml蒙古王 ¥60/瓶
48° 250ml蒙古王 ¥49/瓶
38° 475ml三星金六福 ¥58/瓶
38° 500ml京酒 ¥46/瓶
56° 500ml红星二锅头 ¥16/瓶
36° 400ml百年牛栏山二锅头 ¥188/瓶
46° 500ml牛栏山二锅头 ¥17/瓶
42° 500ml牛栏山二锅头 ¥17/瓶
35° 125ml劲酒 ¥11/瓶
56° 100ml红星二锅头 ¥6/瓶
46° 100ml牛栏山二锅头 ¥6/瓶
10° 600ml燕京纯生 ¥14/瓶
8° 500ml青岛纯生 ¥14/瓶
3.6° 500ml哈啤冰纯 ¥8/瓶
10° 600ml百威啤酒 ¥13/瓶
330ml无醇啤酒 ¥7/听
10° 600ml精品燕京啤酒 ¥8/瓶
燕京扎啤 ¥8/扎
大鲜橙多 ¥15/瓶
大果粒橙 ¥15/瓶
小果粒橙 ¥6/瓶
大雪碧 ¥13/瓶
大可乐 ¥13/瓶
苏打水（屈臣氏） ¥10/听
旺仔牛奶 ¥8/听
王老吉 ¥7/听
小可乐 ¥6/瓶
小雪碧 ¥6/瓶
小鲜橙多 ¥6/瓶
露露 ¥6/瓶
椰汁 ¥6/瓶
芒果果醋 ¥18/扎
杨梅蜜汁 ¥16/扎
芒果果醋 ¥8/杯
杨梅蜜汁 ¥8/杯

图3-1 北京海底捞直营店2010年秋季的菜单

手工丸滑类

编号	名称	价格
31077	墨鱼山药	28元
31021	鲜虾滑	32元
31019	墨鱼滑	38元
31023	撒尿牛丸	30元
31029	撒尿牛丸	32元
30015	西式牛丸	32元
31035	九转豆腐	42元
31033	鲜鸭肠	42元
31047	鲜牛肉丸	22元

海底捞特色菜

编号	名称	价格
20011	手切牛肉	32元
20013	海底捞滑牛肉	32元
20015	海底捞鲜毛肚	32元
20017	绿色手工毛肚	22元
20021	海底捞嫩豆片	17元
20023	海底捞脆皮虾滑	
20025	海底捞珍菌百宝	
20027	捞面	4元

涮、煮类

编号	名称	价格
30017	雪花肥牛	78元
30019	精品肥牛	48元
30011	肥牛	33元
30009	内蒙羊肉卷	27元
30001	精选羊肉	22元
30029	鲜牛舌	40元
30013	鲜毛肚	26元
32031	鲜鸭肠	36元
32021	花腰鱼头	30元
32023	鱼鱼头	22元
32027	鲜鱼排	20元
32025	鲜鱼片	26元

豆制品和其他类

编号	名称	价格
40017	冻豆腐	16元
41015	豆腐	12元
40019	嫩豆腐皮	15元
40023	油豆皮	14元
40021	炸豆皮	16元
40025	腐竹	14元
41033	年糕	12元
41007	金针菇	19元
41009	香菇	15元
41011	平菇	14元
41015	蟹味菇	30元
41041	竹荪	12元
41005	野生木耳	16元
41043	海带	12元
41013	川粉带	12元
41037	白鲢宽粉	10元

绿叶蔬菜类

编号	名称	价格
41059	豆苗	14元
41061	莴笋尖	12元
41023	荷藕	10元
41063	油麦菜	11元
41067	大白菜	12元
41069	菠菜	12元
41073	长生菜	10元
41075	包心生菜	12元
41019	蔬菜拼盘	22元

季节菜系列

编号	名称	价格
41191	丝瓜尖	17元
41095	安心菜	12元
41193	欧洲甜椒	16元
41189	茼蒿菜	13元
41195	苋菜	

小料类

编号	名称	价格
60000I	自选小料	9元
60006	自选饮料	4元

小吃、凉卤类

编号	名称	价格
33039	油麦粑	26元
33041	糯米糍粑	22元
33045	糍粑	26元
33047	酥肉	26元
33055	千层酥	24元
33053	肠旺面	22元
33051	钟糍粑	22元
33049	钟糍粑	28元
33059	凉面	24元
32019	竹荪蛋	30元
33065	薯粉	15元
41045	魔芋	8元
41047	魔芋丝	12元
41029	土豆	12元
41027	红薯条	14元
41031	鲜山药	11元
41051	南瓜	12元
41025	冬瓜	9元
41053	白萝卜	8元
41055	龙须面	8元
41057	竹笋	7元
41064	生鸡蛋	1元
50001	白南山药	12元
50003	雪糯糕	12元
50007	窝窝头（笋）	10元
50009	怪噜饭	8元
50011	金银馒头	8元
50013	阳阳面	3元
50015	泡菜酸奶椰粉	5元
50017	凉粉沙宝	3元
50019	糊涂圆	2元
50023	火烧	2元

酒水类

编号	名称	价格
51001	开胃菜根粉	12元
51003	蛤仁乳瓜	12元
51005	山椒凤爪	17元
51007	醋馏花生	12元
51009	玻璃西芹	10元
51013	四川泡菜	12元
51035	鲜椒笋	
71011	48° 250ml清爽王	49元
71012	475ml百威金尊	58元
71016	38° 500ml苏酒	46元
71017	38° 400ml百年老白山一锅头	16元
71010	42° 500ml中牛二锅头（黑坛）	188元
71018	42° 500ml中牛二锅头（黑坛）	17元
71019	53° 125ml国酒通	17元
71022	55° 100ml蓝瓷一锅头	11元
71031	10° 500ml燕京啤酒	6元
73001	10° 330ml无醇啤酒	6元
73002	8° 500ml啤酒花生	14元
73003	42° 500ml缤纷鲜啤酒	8元
71004	42° 500ml正宗白开水	13元
73006	10° 500ml缤纷鲜啤酒	7元
73007	燕京扎啤	
73008	1.2L 可口可乐	10元
72001	1.2L 雪碧	15元
72003	450ml鲜橙多	6元
71005	52° 500ml小糊涂仙	6元
72002	12° 750ml石榴酒	15元
72003	450ml果粒橙	
71006	450ml美年达	6元
71007	45° 500ml四特酒	13元
71008	42° 500ml四特酒	6元
71009	42° 450ml哈尔滨啤酒	79元
72001	345ml哈尔滨啤酒	79元
73009	245ml鲜榨梨汁牛奶（易拉罐）	69元
72011	310ml王老吉	69元
72001	240ml椰汁	
72012	12° 750ml椰汁之王	6元
70053	550ml天然山泉矿泉水	3元
70013	120g东北冰糖	18元
70014	芒果果粒（杯）	8元
70015	葡萄果粒（杯）	18元
70055	苹果果粒（杯）	8元

新品推荐

编号	名称	价格
31089	大包口小包口	26元
31091	包心撒尿丸	26元
31093	XO丸	32元
33131	鱼头	

新推火锅

编号	名称	价格
10001	鸳鸯火锅	49元
10002	三鲜火锅	49元
10026	番茄海鲜火锅	45元
10027	番茄海鲜锅头	45元
10028	海鲜火锅	45元
10029	菌王火锅	53元
10006	自助火锅	53元
10017	无油火锅	100元
10019	无油火锅丁	80元
10018	精品海鲜火锅	49元
11001	精品三鲜火锅	49元
10020	精品无油火锅	49元
10021	无油火锅	49元
10022	鸳鸯火锅	49元
10004	红油火锅	49元
10012	红油鸳鸯火锅	49元
10015	红汤养生火锅	49元
10007	白鸭火锅	63元
10011	养生白汤火锅（三鲜）	63元

海底捞友情提示：
本店菜品齐全，专线"O5"超市等多元素，
一应俱全"有"T"或"Z"的菜品有余数量，随店变，
小锅、小料、白菜、豆腐以及其他调料多数免费自助。

台号：___ 服务员：___

网上订餐地址：www.haidilao.com
外卖电话：4006—107107
客户的感受决定记录：

图3-2 北京海底捞首营店2011年春季的菜单

图 3-1 和图 3-2 是北京海底捞直营店在 2010 年秋季和 2011 年春季使用的菜单，分别包括 10 类和 11 类菜品，现根据这两个菜单进行统计与分析（详见表 3-1）。

表 3-1　海底捞菜单分析统计表

菜品 \ 菜单	新品推荐	新推火锅	手工丸滑类	海底捞特色菜	涮、煮类	豆制品和其他	绿叶蔬菜类	季节菜系列	小料类	小吃类凉卤类	酒水类
2010 秋季	2	10	10	10	26	33	10		4	18	48
2011 春季	4	20	10	8	28	30	10	5	2	18	49

通过表 3-1 可以看出，海底捞专门在菜单中添加了"新品推荐"。2010 秋季主推蔬菜滑和荆沙鱼糕，2011 春季主推河水鲜鱼丸、包心蟹丸、XO 丸和香草鸡片。这六个品种的创意分别来自鄂菜、粤菜和澳门豆捞火锅，为大部分火锅顾客所不熟悉，新鲜别致，毛利率较高。手工丸滑类则完全属于川渝火锅的创新之举了，将澳门豆捞模式的精华部分照单全收，显得不拘一格。而且，这类菜品因为市场表现不俗，加之成本有所增长，在 2011 春季菜单上大都上涨了 2 元。海底捞特色菜的设计，囊括了内蒙海拉尔火锅的招牌特色手切羊肉和川渝火锅的精髓鲜毛肚，它和涮、煮类商品一道，成为海底捞拉升销售额的主力。豆制品和其他类、绿叶蔬菜类属于低价高利菜品的得意之选，只是京沪杭白领们所享

48

受的价格，要高出川渝很多。从季节菜系列的设计上，可以明显感受到海底捞菜单变动的频率。虽然因为反季蔬菜的出现，现在已经少见季节菜，但因为具有了季节菜的概念，价格区间也就轻松拉升到 12～17 元。

每位 9 元的自选小料，确是海底捞的高明之处。火锅是否好吃的主要原因，在于小料的选配是否合理和足量。有些火锅店按份收费，导致客人在消费后半程出现要一份吃不了于是就不再点取小料的情况，火锅越吃越寡淡，消费体验不佳。而按位收取小料，在顾客就餐区设立可以随意拿取 30 余种价格昂贵小料的展台，顾客没有了费用负担增加的顾忌，即使在离开时，也可以放心添加，保证了菜品口感的鲜美，提高了顾客满意度。同时，按位收取小料费用也可以保证单桌顾客的基本消费数额，有利于提升销售收入。小吃、凉卤类菜品比较亲民务实，体现了张勇对国民消费心理的深刻认识。酒水类商品能够感受到顾客的喜好和习惯，多数白酒品种定价设置在 17～76 元，意味着海底捞顾客群体特征呈现出家庭化、同事化倾向，对白酒消费量不大。

在图 3-1 和图 3-2 的选项中，除了常见的桌号、包间、服务员等三项，还增设了泊车号、顾客姓氏、客户特殊需求记录等内容，表现出海底捞人的用心和周到。网上订餐地址和外卖电话的设置，则方便服务员随时告知企业的服务项目。

在菜单的印制水平上，海底捞也表现出一丝不苟。无碳复写印制的彩色菜单，清楚规范，一目了然，明显好于一些火锅店的廉价随意之作。尤其在菜单的背后，海底捞专门设计了一个"加退菜表格"（详见表 3-2），用于处理火锅店常见的加退菜问题，让服务员的现场紧急情况处理，不再有后顾之忧。

表 3-2　海底捞加退菜表格

加 退 菜 表 格

桌号：

类别	加菜品名	加菜数量	加菜责任人	加菜时间	未上菜品	交台人	接台人	备注
加菜项目								
退菜项目								

普通商品卖不同感觉

工厂化经营

海底捞商品第一个与众不同的，是海底捞的火锅商品工厂化经营。

据海底捞官方网站介绍，"海底捞"集团成立初期，严格按照国际国内食品加工生产企业 ISO9001：2000 GB/T19001-2000 及 HACCP 认证的高标准进行施工建设，着力打造"一式两化"（办公环境花园式、生产工艺现代化、餐饮设备生态化）的特色美食文化产业公司，力争五年内实现火锅红味底料自动化罐装流水线生产，增设一条原料选料流水线，运用水选和金属探测方法，实现自动化选料、择料。

目前，"海底捞"集团生产工艺已向现代化水平迈进。

生产工艺现代化。进料包装实现白味、海鲜、滋补等多种类进料自动化包装，每分钟达 60 袋以上的包装速度。

装卸货物实行机械化。"海底捞"集团龙泉驿西河加工生产基地各种装卸实现机械化，仓储管理水平接近或达到麦当劳水平，并于 2007 年 6 月 4 日一次性通过了 QS 资格认证审查。

店内设备呈现自动化。餐厅所用豆浆及各种饮料生产、配制计量实现自动化；后堂设备采用洗碗机、洗菜机、切菜机，提高后堂工作效率和标准化程度。

店堂设施生态化。餐厅内外环境以绿色健康为主，采用环保型材料进行装饰装修，突出生态化特色。店堂桌椅采用天然木质材料制作，火锅、餐具等采用陶瓷制品，消耗品选棉、木、竹、亚麻制品。

对于海底捞这样的火锅连锁企业，特色、口味、技巧等经营方法已经不是秘密，真正的难度是如何大量生产快速复制，而又不失去原本的风格和标准。一个单店可以成功，一个城市的直营店可以成功，但是在若干个城市发展连锁经营集群，对商品品质的控制就成为一个非常棘手的难题。海底捞的商品按照加工方式可以分为两类：一类是可以集团采购、统一加工的标准化商品；另一类是必须现场采购、就地加工的非标准化商品。前者可以工厂化作业，后者则必须每日购买、即时加工才能够保证商品的新鲜度。不少连锁企业寿命不长的一个重要原因，就出在企业连锁的"连而不锁"上。使用同一品牌的各家分店各行其是，随意决策各自的品种和标准，根本无法分辨企业的核心价值之所在。海底捞在川渝火锅用油的使用上，率先放弃传统老油的习惯做法，统一换成500克包装的清油，深受川渝之外的顾客欢迎，在京、沪、津、杭、宁等城市树立起更加健康卫生的形象。其他如调味料、腌制品、干品、肉制品等品类适合统一加工，价格、品质、口味和物流费用比较容易得到控制。

货品新鲜

货品新鲜是海底捞商品的第二个不同。生意好，货品周转就快，商品保管压力小，当然就新鲜。加之海底捞为当日采购的商品制定了明确的采购标准，从制度上为货品新鲜奠定了基础。活鲜品种的选购和新鲜度控制，是采购中的难点。活蹦乱跳和苟延残喘都是活，但二者的新鲜度是不一样的。海底捞确定了采购、暂养、宰杀、保管的系列标准，让员工"照单取药"，确保新鲜度。与其他企业明显不同的是，海底捞因商品品质遭到顾客投诉的非常少，从侧面说明了海底捞商品管控体系的全面和到位。我一直不相信且非常讨厌厨艺至上的说法，认同能够把食材本味发挥到极致才是一名好厨师应有的修为。火锅店经营依赖的不是厨师神秘的配方，而是企业运营的商业理念和切实可行的管理标准。理念统领战略，标准约束行为。除此之外，别无他路可循。

装盘讲究

装盘讲究是海底捞商品的第三个不同。海底捞进军都市安营扎寨，渐渐舍弃川渝火锅不修边幅的习俗，从若干个精品商业模式中汲取养料，完成了自己从灰姑娘到白天鹅的蜕变。菜品盛器从最初的粗瓷大碗逐步换成了现在的异形器皿。不论什么品种，各得其所，精美备至。虽然菜品的数量有些让顾客不忍下筷，但精致的感觉确实无可挑剔。海底捞在走向另一个极端吗？以往以实惠见长的火锅店，现在好像正在脱离原来运行的轨迹。海底捞对外号称可以点"半份菜"，给我的感觉这个政策开始有些多余，因为一份就那么些，半份还能让客人们饱腹吗？这种趋向，不应该是那个厚道的张勇所倡导的，有可能来自于菜品设计人员的暴利愿望。

为客代劳

跟桌服务为客代劳是海底捞商品的第四个不同。顾客对于火锅店消费的体验，一般停留在自助服务的范围里。传菜生把点取的菜品端上来，依次摆放到餐桌上和餐桌旁边的架子里，再将电磁炉打开，整个工作流程就算完事大吉。但海底捞把火锅消费服务进行了一场彻底的颠覆：就餐区里的服务员不再少得可怜，只要顾客挥挥手，马上就会有服务员应声而来。如果顾客有聊天的愿望，不管多忙，服务员也会停下来仔细倾听、耐心回答、热情寒暄。服务员习惯帮助客人往锅里下菜，捞取，分到个人的盘里。我有一次到海底捞消费的时候，竟然听到一位服务员这样的"谬论"。她边给我服务边说："火锅店不比那些中餐酒楼，火锅店的服务对技巧要求比较高，需要仔细认真，一丝不苟，在火锅店做服务员需要更高的素质。"我不由得哑然失笑。在餐饮人的词典里，一个公认的事实就是酒楼的服务要明显复杂于火锅店，而在海底捞服务员的脑海里，火锅店的服务才是一等一的高级能力。由此可见，这种顾问式的服务对于员工的影响有多么大。

因为有了这些不同，普普通通的一家川渝火锅店被海底捞卖出了不同的感觉。

如何做到好吃

我国幅员辽阔，地大物博，各地饮食习惯因地域和食材不同有很大区别，经过漫长历史演变创立出一整套自成体系的烹饪技艺和风味，并被全国各地所承认，形成了特色鲜明、口味迥异的地方菜系，久负盛名的有鲁、川、苏、粤、浙、闽、湘、徽"八大菜系"。近二十年来，各派厨师来往于南北各地，烹饪技艺取长补短，相互融合，菜品推出日新月异，菜系风格日渐淡化，逐步衍化成"江湖菜"，虽然无门无派，却也获得新潮时尚的名头，让那些坚守派系风格的老师傅们有苦难言。市场经济是试金石，是否正宗并不重要，菜品好吃，有顾客喜爱，老板们就愿意为厨师付出高薪。

还是好吃的问题。无论怎样做，能让顾客感觉好吃才是关键。

虽然厨师们喜欢夸耀厨艺在餐饮经营中的作用，但烹饪食材的选择远比厨艺更重要。比如，同样的做法，但浙江千岛湖花鲢鱼头或鲫鱼绝对和普通的同类品种有天壤之别，它们颜色黑黑的，在千岛湖洁净的水质里练就了它们劲健的肌肉，清蒸后装盘，鲜香美味顿时让味蕾充满品尝的欲望。放进嘴里细嚼慢咽，那种嫩嫩的弹牙的感觉，仿佛能听到自己牙齿咀嚼的声音，不忍下咽。吃过东北农户在家里喂养的土猪肉吗？那是猪肉里的上上之选。一瓢清水入锅，加入大块猪肉和简单几味调料，慢火煮沸，半小时后，香味扑鼻。当地人喜欢白灼吃法，将猪肉切成大片，蘸酱油热食，味美绝伦。有优质食材才能做出好吃的菜品。广东人爱吃白斩鸡，但白斩鸡一定要选择广东清远鸡或海南文昌鸡做食材，否则无法体现出白斩鸡的嫩滑与爽劲。海鲜酒楼对于食材的依赖，要比一般酒楼更甚。据说大连人是不屑于到南方吃海鲜的，究其原因，是大连海域周边的海鲜海味更浓。梭子蟹一定要选择产自丹东东港附近海域的，那里的梭子蟹个大味厚；鲍鱼是旅顺的黑色鲍，绝不用福建的南方鲍；赤甲红蟹、花盖蟹、虾爬子喜爱当地的长海海域，个大力沉，劲道生猛；海鲶鱼、海胖头、小偏口等小杂鱼，也是偏爱大连近海所产。新疆烤肉（内地人称之为羊肉串）之所以脍炙人口，还是因为烤肉的食材与众不同，同样是新疆师傅，到了内地就烤不出新疆的滋味。新疆烤肉一般选择当年羯羊或周岁以内的羊，当地称之为羊羔肉，肥而不腻，鲜而不膻。这样的肉品，只需简单工艺，用少数几味调料，如精盐、辣椒粉、孜然粉等，即可做出美味的烤肉。内地的肉品，即便使用嫩肉粉、蜂蜜、淹味料等多种调料，仍然和新疆当地的肉品差距甚远。曾经有一年冬季，我在天山脚下品尝了哈萨克族人用天山雪水清煮的手抓肉，做法虽然简单，但那种奇妙的肉香体验至今难以忘怀。

合理的烹饪技法是菜品好吃的另一个关键。经过数代厨师的努力，中华烹饪技法被概括为炒、爆、熘、炸、烹、煎、贴、烧、焖、炖、蒸、汆、煮、烩、炝、腌、拌、烤、卤、冻、拔丝、蜜汁、熏、卷、滑等，在世界烹饪典库里占有非常重要的位置。繁杂的烹饪技法固然可以令顾客眼花缭乱，但现在的顾客对那种功夫菜和非营养菜大多采取敬而远之的态度。他们不喜欢珍稀的食材被复杂的烹调工艺所毁坏，希望品尝食材最宝贵的原味，体验到大快朵颐的感觉。尊重食材，突出食材本味才是烹饪的真义。为了真正做到尊重食材，在烹饪中要尽量谨慎使用调味料。在一个菜品中，必须分清主次，不能用调味料过度掩饰主料的味道。虽然复合味是厨师追求的一种境界，但把菜品味道的出新寄托在大堆的调料身上，还是有违菜品烹饪的本义。顾客吃的是菜，不是调料。小肥羊对自己的锅底反复宣传是由二十多种名贵中草药组成，在经历了开始阶段的盲目跟风之后，同样引起消费者的质疑，不能不说是对小肥羊品牌的一种损害。顾客到餐馆就餐，毕竟是吃饭而不是吃药。中草药也是药。火锅里加入了那么多的中草药，吃出问题怎么办？

山东济南的中国烹饪大师阎玺林，能够把一道简单的鲁菜爆炒腰花做成鲁菜的招牌，值得专业人士深思。这个菜品的难能可贵之处在于食材和调料随处可见。用简单的烹饪方法、简单的食材和简单的调味料烹制出一个城市的菜品经典，这才是不简单。餐饮企业的厨师们研发菜品做好本职工作，应该以阎玺林大师为学习榜样，以好吃为根本，化腐朽为神奇，成为艺高德馨的烹饪名家。

菜品创新应尊重传统，不能胡作非为。不会做传统老菜的厨师，肯定做不出好吃的菜品。有些年轻一代厨师，动辄以新派厨师代表自居，对传统老菜知之甚少，却冒充内行指手画脚，胡说八道，实在是厨师行里的骗子。谁能想象出一个不会做麻婆豆腐的人能对川菜有深厚造诣吗？一定不会。况且，现在餐饮市场所谓的流行新菜，绝大部分都是东拼西凑的冒牌货，粗制滥造，招摇撞骗，根本没有生命力。这样的厨师，哪里能做出好吃的菜品？

在为哈尔滨某酒楼招聘烹调大连海鲜的厨师时，我向一位应聘厨师询问一些关于大连海鲜老菜的烹制问题，那位厨师一脸不屑，告诉我那都是老菜，现在没人做。我固执地追问他，以往是否做过这类菜、是否去过大连？他一脸窘态，连说没做过大连老菜，也没有去过大连。我不禁为他尴尬，既没有做过大连老菜，又没有去过大连，凭什么就敢对大连老菜高谈阔论？

关注消费主流，提倡健康饮食。现代人提倡养生概念，讲究营养全面，在食物好吃的同时，还要关注各种营养素的搭配平衡。对盐、糖、脂肪、色素、添加剂、高热量食材等有碍健康的品种避之唯恐不及，需要企业在确定商品线时加以注意。

制造特色方法你学得会

我国传统商谚有很多强调特色经营的内容，如"不怕有缺点，就怕没特色"、"一招鲜，吃遍天"，这些都是主张以特色带动整体经营。所谓经营特色，是指企业主打的商品或服务同其他企业相比有明显不同，这主要表现在以下三个方面。

其一，把原有的原材料重新搭配，采用新工艺，独家秘制，申请专利保护。江西的瓦缸煨汤并无太多神秘之处，就是把传统老火靓汤的制作方法改变为大缸煨制，将原来的后堂制作变为店前演示，受到消费者的追捧，引起众多同行纷纷效仿。

其二，外地有，本地没有，把这种风格和特色引到本地，变为本地的特色。海底捞在四川属于常规模式，但进入京城就变成了个性餐饮。同一个企业，因经营地点不同，所获得的经营定位也不同。

其三，本地虽有，但粗制滥造不精不细，企业通过精工细作提升品质，也是值得光顾的的特色。黑龙江省方正县德莫利活鱼在选料上大做文章，有意识地烘托东北菜肴粗犷大气的商品形象，采用绿色无污染的活鱼、粉条、豆腐，深受食客欢迎，现在已经成行成市，成为哈尔滨到佳木斯公路旁的一大美食景观。

制造特色的方法有两种。

一是做加法。拿来一个普通菜品，加高档材料，加复杂工艺，加精美器皿，加文化背景，加隆重推出，再普通的一个菜品，也会变得不同凡响。以普通的馒头为例，加入少量山野菜，采取原始农家做法，用黑陶大碗盛放，命名为"边疆农垦馒头"，一个如此普通的商品也变得个性十足。

另一个是做减法。就是从一个庞大的菜系中减掉多余成分，减掉垃圾调料和添加剂，减掉复杂包装，减掉不合理工艺，让食材本味显现，形成特色。还以馒头为例，有些餐饮企业在包装特色时竭尽所能，在一个普通的馒头里甚至加入增香剂、染色剂等成分，冒充健康食品，有悖特色包装的本意，实为损害顾客健康的害人之举，应该引以为戒。

制造美食特色，应具备以下要素。

一是好吃。美食是给人吃的，好吃最关键。有些餐饮企业包装了许多的怪菜，好看也新奇，但不好吃，顾客尝一次不点第二回，这样的菜品没有生命力。地域性是美食好吃的前提。东辣西酸，南甜北咸，地域不同，各有所好。北方人喜爱大碗酒、大碗肉，南方人喜爱精雕细琢、柔声慢品，无所谓谁好谁坏，谁高谁低，只是消费习惯不同而已。

二是口味突出。辣是真辣，鲜是真鲜，香是真香；切莫辣非辣、鲜非鲜、香非香，模棱两可。就美食欣赏而论，一般的厨师确实无法和食客相比。从事厨师这一行的人，很多是从小家境况贫寒。他们希望掌握一门手艺通过自身努力来改变自己的命运。这样说不是瞧不起厨师，而是厨师这一行太累、太苦、太危险，家里条件好的人是不会自讨苦吃的，即使偶尔进入行里，没几天也累跑了。餐馆厨房工作与外界所了解的情况大不一样，分工极细，有几个厨师能尝遍酒店所有的出品呢？太少了。红烧大鲍翅比鱼香肉丝难做吗？当然不是，不过是红烧大鲍翅的原材料太贵，一般厨师没机会尝试罢了。所以，从事厨师工作的人对美食的渴望在相当长一段时间内仅仅是吃饱，能进入到美食欣赏境界的人少而又少。厨师的经历使其本身的美食境界不高，加上菜路子又是叫谁都能适应的"大众口"，菜品口味不突出也就不足为奇了。任何一种菜品，能使一小部分顾客满意就是成功，使所有人满意，就不是特色而是俗物了。

三是器皿选择与众不同。选器皿不仅仅是在餐馆用品的范围内寻找，也不仅仅跟在老祖宗的身后因循守旧，还要向其他行业学习借鉴，把其他行业的好东西引进到餐饮的特色创新中来，取长补短，为我所用。有些餐馆把金鱼缸、花盆、水果盘、笔筒改用为美食器皿，令人耳目一新，应该大力提倡。

四是餐馆字号应个性十足。有个性的字号易记、上口，由字号可生发出品质、环境、价位、档次、特色、文化等种种联想，内统风范，外创品牌，效果很好。

五是设计主题餐厅。以文化做主题，用故事或传说增加厚度。主体餐厅讲究形神统一，风格明朗，跳出在菜品上小打小闹的圈子，比较容易形成特色。国内一些餐饮策划人经常用主题餐厅方法包装特色，占了知晓历史文化、制造概念的先机。成气候并经常见诸报端的主题餐厅，有"庄稼院"、"新农村"、"旧社会"、"二人世界"、"渔村"、"分手"等。

我为某餐饮管理公司包装特色品种鱼锅饼子时，主料选用本地鲜度绝好的近海小杂鱼，辅以卤水豆腐、东北土豆粉条、喂养猪五花肉，海水调味，口感奇佳；牌匾请名人题写后用实木雕刻，黑地绿字，端庄古朴；外墙用王羲之行书兰亭序制成写真胶贴装贴，内墙以城墙壁纸装饰，精选所在古城的明清时期的图片悬挂四周；背景音乐播放"梦幻岛"，又编写一则鱼锅饼子的传说置于厅内。这些举措深受顾客欢迎，曾创下500平方米单店日接待108桌的纪录。

特色品种一旦形成潮流，极易引起同行仿制。因此，经营者要学会运用知识产权保护手段对字号、原材料原产地、专有设备、独特加工工艺和个性文化构筑保护区，以维护自己的合法权益。海底捞火锅成名后，很多地方的餐饮企业跟风而上，模仿海底捞的经营风格和字号，开办起山寨版的海底捞。但是，海底捞在建店初期，便已在国内和国外一些国家注册了海底捞的商标，因此，在打击山寨版海底捞的过程中，事实充分，有理有据，依法力争，非常主动，很好地保护了自己的合法权益。

第四章

价格的秘密

☺ 价格是决定商品销量的重要因素。既要把价格定得高，同时又能使销量得到保证，一直是国外营销高手的绝活。海底捞打破了这个神话，它用服务和免费赠送塑造价值，用高定价获取利润，成功地建立起餐饮经营的良性循环，为火锅店的经营创出新的商业模式。

☺ 一定要在商品线里找到一个或一类可以作为特价销售的品种，这是增加商品魅力最有效的方法。这一点虽然不能带给企业更多的利润，但是对提升人气却非常直接。海底捞将小吃和水果以免费形式供应，大多数企业缺少这种魄力。

☺ 增加商品的神秘性，以高价格卖出去，这是甩开竞争对手非常有效的办法。企业的盈利能力差，竞争能力自然也差，即使知道对手的竞争方法，也会因为力所不逮而无奈放弃。就像我们知道微软的盈利模式简单而有效，但是因为缺少微软的竞争能力，我们只能望其项背，无法模拟。

☺ 掌握人的心理变化，便可以掌握一切。人的行为全部由思想做出，而思想的火花是在大量心理活动之上迸发出来的。判断出顾客的下一步行动，到半路上去等他。

企业定价策略一直是决定经营成败的杀手锏。对定价策略缺少深刻认识，就无法把握顾客需求，决胜未来。张勇对海底捞价格的掌控心得，来自于创业初期与竞争对手的近身搏杀。通过合理定价，达到屏蔽对手、彰显特色、获取利润的目的，只有高手才能做到这一点。

海底捞的高定价

海底捞的高定价不是随便决定的。张勇对顾客心理的把握，确实有他自己独到的地方。海底捞商品的价格不是一律都高，而是根据顾客对商品的需求度确定不同的加价比率。在火锅店商业模式里，去除花哨的包装因素，可分为锅底、肉品、菜品、小料、酒水和主食六大商品项目。锅底、肉品、菜品是必点项目，没有这三大基础项，就无法在火锅店完成就餐；而小料、酒水、主食是选点项目，可多可少，对整个就餐过程影响不大。国人含蓄，有时候即使多半饱，也会碍于面子不再加点后面的选点项目，草草吃完了事。所以，海底捞的价格，在必点项目上采取高毛利政策，以此提高销售收入拉升企业利润，而在选点项目上采取了务实的合理价格政策，不让顾客因价格因素而有所顾忌，使顾客吃饱吃好。

我们从海底捞火锅店的现行菜单中，每个项目选取九个常销品种作为样本（详见表4-1和表4-2），详细剖析各个项目的定价方法，以便进一步总结海底捞成功的定价规律。

表4-1　海底捞菜单基本选项及其价格

锅底项目及其价格		肉品项目及其价格		菜品项目及其价格	
鸳鸯火锅锅底	49元	黑山羊肉	28元	冻豆腐	16元
三鲜火锅锅底	49元	蟹黄墨鱼滑	38元	高碑豆腐皮	15元
香辣鱼头火锅锅底（不含鱼头）	45元	手切羊肉	32元	油豆腐皮	14元
香辣牛蛙火锅锅底（不含牛蛙）	45元	XO丸	32元	菌类拼盘	30元
无渣火锅（鸳鸯）	53元	海底捞鲜毛肚	32元	野生木耳	16元
香辣黄辣丁锅底（大）	100元	雪花肥牛	78元	鲜山药	14元
蹄花火锅锅底（不含蹄花）	49元	精品肥牛	48元	白萝卜	10元
红油火锅锅底	49元	内蒙羔羊肉	27元	茼蒿	14元
红番汤火锅锅底	49元	花鲢鱼头	30元	大白菜	11元
野生菌火锅锅底	63元	竹节虾	30元	蔬菜拼盘	22元

表4-1中的三项为火锅店消费的基本选项，凡到火锅店就餐，以上选项不可或缺。可以说，海底捞在上述品种中，加价是毫不客气的，从

火锅锅底的定价上就可略见一斑。最低档锅底为香辣鱼头火锅和香辣牛蛙火锅，虽然高达45元，但锅底中并不含鱼头和牛蛙。32元的XO丸充满玄机，成分、成本无法让顾客快速判断。78元的雪花肥牛和48元的精品肥牛没有明确是什么部位的（如果是在肥牛火锅店，制定菜单需要按照部位如上脑、外脊、黄瓜条等明确定价，部位不同，价格差异很大），但价格确实是不低的。不仅仅是海底捞，在其他成功的火锅店，也会采取大同小异的定价方法。

海底捞最聪明的地方是在表4-2所列的三个项目的定价上。

表4-2　海底捞菜单三个项目及其价格

小料项目及其价格	酒水项目及其价格		主食项目及其价格	
自选小料　9元 （小料、小菜、水果）	12° 750ml 王朝干红	79 元	捞面	4 元
	12° 750ml 长城干红	69 元	窝窝头	10 元
	38° 500ml 蒙古王	60 元	炸馒头	8 元
	38° 500ml 京酒	46 元	担担面	3 元
	56° 500ml 红星二锅头	16 元	蛋炒饭	3 元
	48° 500ml 牛栏山二锅头	17 元	赖汤圆	2 元
	10° 600ml 燕京纯生	14 元	米饭	2 元
	450ml 鲜橙多	6 元	火烧	2 元
	1.25l 可乐/雪碧	13 元	龙须面	7 元
	300ml 王老吉	7 元	生鸡蛋	1 元

小料项目定价9元真是神来之笔。无论顾客吃多少，9元是个最高限，顾客尽可以大快朵颐，无需多虑。在很多火锅店，顾客吃到快结束的时候，主宾之间往往因为是否添加小料问来问去。现在好了，每位9

元，多少不限。酒水和主食项目的定价，同样收到"放心消费"的效果。这个价格水平，不要说在京、津、沪等一线城市，即使是在二线、三线城市也是可以被顾客欣然接受的。

如果将必点项目和选点项目的定价策略调换过来，企业会收到预期的效果吗？也就是说，将必点项目按低毛利定价，而将选点项目按高毛利定价，市场结果会怎样？很多收益平平的企业可以证明这样做的结果：顾客会以实惠的价格享受企业的主要商品和服务，然后象征性地点取企业期望盈利的辅助性商品，在经营者失望的眼神里悄悄地离开。有一句经典的表述可以形容这一切，那就是"旺市不旺财"。生意火爆，但盈利甚少。

深透了解顾客心理

成功的经营者在制定企业价格策略时，需要站在顾客的角度观察自己经营的企业，反复揣摩顾客的心理。顾客从企业的门前经过，第一眼看到的是哪里？看到企业的店面后，能否留下深刻的印象？这个印象是什么样的，喜欢？麻木？或是反感？能否产生进店消费的欲望？这个欲望是否强烈？是否能够马上产生消费的行为？顾客体验消费的感觉是满意、愤怒还是无所谓？能够形成再次消费吗？顾客对企业商品的价格能否承受得了？作为企业经营者，这些问题需要至少每天问一遍。

和企业经营密切相关的消费心理趋向有品质心理、求廉心理、从众心理和光环效应四种。不同商圈的顾客，因消费能力、宗教习俗、生活习惯、社会地位、教育程度不同，其消费心理的趋向也不尽相同，经营者应根据具体情况区别对待。

品质心理

品质心理是当前高档消费人群的主要心理状态。在消费能力已经不是问题的时候，对品质的追求成为高消费人群的主要向往。甚至在有些地方，"不怕贵，就怕品质不好"成为消费主流。部分高档休闲餐饮企业主打"品质"牌，大获成功。一碗面或一盘盖饭，因品质稍好，动辄定价几十元甚至上百元，获利颇丰。国内的消费市场，在消费形态上两极分化极其明显。具有品质心理的顾客群，随着新生有产阶层人数的增加，正在不断增大。

求廉心理

求廉心理是普通消费人群的共同心理状态。在品质能够得到一定程度保证的情况下，即使消费环境和卫生状况稍差，仍然会获得多数人的认可。在城市化进程明显加快后，城市变大，人的活动区域呈几何级数放大，导致外出就餐人群总量和人均就餐次数迅速增多。加之"80后"、"90后"独生子女进入社会后，在外就餐成为日常消费行为。消费次数增加，但个人收入基本恒定，单位消费额度必定有所控制。求廉心理的广泛性，对于企业制定经营策略来说，不能不给予充分重视。

从众心理

从众心理是顾客的一个观望性消费心理状态，"大家的选择一定不

会错"是从众心理的典型心态。对于餐饮行业一类的感性商品，个人
情感的好恶是决定是否购买的重要因素。毕竟，餐饮商品不是机械、化
工一类的理性商品，完全由性能、材质决定。顾客对餐饮商品的态度，
除现场亲身体验外，还要考虑其他人的口碑和选择。他人是否认同，其
重要性甚至要高过自己的认知。一般情况下，和大多数消费者保持一致
才是对的。我们经常可以看到，一条美食街上，几家特色基本相同的餐
饮企业，往往一家客流踊跃，但其他几家却少人问津。为什么会出现这
种现象？我认为，不见得这一家的菜品真的好到极致，极大的可能是，
头几桌客人集中进店，给这家餐饮店带来旺盛人气。所以，后面到这条
街来消费的客人，自然而然地跟随而进，越聚越多，最终形成了火爆的
场面。

光环效应

光环作用心理是现代企业经营的规律性体现。顾客越来越喜欢到少
数几家个性突出、口味独特、品质稳定、服务良好、价格适宜、进出便
利的品牌企业消费。品牌企业不见得样样优异，但肯定突出一样。因为
某一项要素有过人之处，会让顾客得出"其他方面也会不错"的印象。
影视明星具有明显的光环效应是因为得到一个好角色，演了一部好片
子，便一发不可收，成为人人喜爱的公众人物。但在私下场合，观众们
也许会发现，明星们也和我们一样，有着这样或那样不完美的地方。但
这些不完美并不重要，因为明星的光环效应已经掩盖了他们的瑕疵，甚
至这些瑕疵还会被粉丝们当作花絮而津津乐道。同样，生意火爆的企业
尽管有瑕疵，却因是瑕不掩瑜的行业明星，使原有的瑕疵变得微不足

道，使前来消费的顾客乐此不疲。

上述消费心理状态不是彼此对立的个体，而是彼此相互影响相互作用的混合体。只是在不同商圈的不同人群，个体倾向表现得更强烈一些而已。摸透顾客的心理状态，有针对性地制定切合实际的价格策略，适应顾客的潜在需求，必能在很大程度上提升企业自身的吸引力。企业经营者必须清醒地认识到，自己的感受并不重要，重要的是顾客的感受。只有顾客认同，企业的服务才会有价值。有些企业总是带着抱怨的心态，让顾客勉强接受服务商品，导致顾客牢骚满腹，这样的企业肯定不会走得太远。

张勇是研读顾客心理的大家。海底捞定价策略的制定，是建立在对顾客心理的深透了解之上的。海底捞对全部菜品采取必点项目高加价、选点项目低加价的策略，正是全方位掌握青年白领的消费特点之后做出的正确选择。因为了解，所以对症，海底捞也因此获得了青年白领们的认同和信赖。

高定价更容易受关注

顾客的需求是分层次的，消费能力强的顾客对品牌的忠诚度更高。对于大多数人来说，商业规则就是一分钱一分货。顾客不会相信商家会顺应道德力量薄利多销，而会坚持怀疑企业商品存在难以启齿的瑕疵。"好货不便宜，便宜没好货"，宾利、奔驰、宝马、奥迪等汽车品牌走的是高定价路线，通过高定价树立"尊贵有加，不可多得"的品牌形象，吸引了众多喜爱者的目光。有资深市场营销专家曾经总结：商品畅销取决于两个方面：其一，商品本身的神秘性，即商品的性能是否具有让顾客神魂颠倒的能力；其二，商品是否高价，即高价格更能够吸引公众的关注，挑战消费者的购买能力。确实如此，低价商品能够轻易让顾客掏腰包，但却无法制造忠诚的追随者。

苹果手机（iPhone）从 2010 开始，上演了一出营销好戏。凭借其独特性能和颇具挑战性的高价，苹果手机受到了众多发烧友级别粉丝的追捧，其癫狂景象，让人很难想象这是发生在物质极大丰富的 21 世纪。苹果手机具备了神秘和高价的畅销两大因素，一枝独秀，席卷全球，让其他手机厂商全部噤声。一时间除了苹果手机的竞争对手之外，没有其他人感到不可思议。大家的关注点全部被吸引到这个"怪物"身上，其售价甚至可以购买一台高配置笔记本电脑了。更有甚者，年轻的粉丝们为了尽早拿到苹果手机，竟然不惜加价购买。那些低价且滞销的其他手机，在苹果面前，唯有自叹不如的份了。结果是，最高价格的产品反倒成了最畅销的了。

我曾经采取增加高档次菜品的方法，帮助山东省平度市某海鲜酒楼扭转经营颓势。此前，已经经营七年的酒楼以往一直生意兴旺，近期平度市新开了几家大店，将客人分流，所以，生意明显下降，设有 13 个大小包间的渔村风格酒楼，每天的销售额竟然下降到过去的三分之一。现场调查发现，这家酒楼过去能够保持人气鼎盛的经营局面，并不是自身的运营水平有多高，而是因为平度市餐饮市场的整体运营水平比较低。羊群里跑出来一头骆驼，就是它个头大，所以显得与众不同。待到羊群里同时存在几头骆驼时，原来的骆驼就会手足无措。具体说来，存在的最明显的问题是：品种搭配不合理，档次过低。因为生意不好，渔村只好卖低价菜品，比如8元一盘的小炸鱼等。因为卖低价，所以只能到市场上买不新鲜的处理货；因为菜品的品质不佳，所以高消费客人转投他处。久而久之，就形成恶性循环。从餐饮企业整体经营情况看，平度市的中高档酒楼的定位相差无几，无非是多几个品种或少几个品种而已。菜品展示上，大多为三大类：海鲜缸及贝类池；小炒及凉菜；鱼档。原材料的采购和保管水平决定各家酒楼的生意状况。这家酒楼若想从多家企业的厮杀中重领风骚，必须要出类拔萃，明确差异，找准定位，间隔市场，从现有的市场份额中划出自己的领地，避免与同行之间做无谓的杀价竞争。针对平度市餐饮市场高端消费少人问津的状态，突出体现高、贵、大、简、鲜的特点，即瞄准高端市场，服务新贵族，采购大型深海野生品种，用简单的渔家土法烹制，以原料的鲜活征服客人。为此，将其主打品种确定为深海大海鱼和大个活鲍鱼。野生大牙鲆、大鲈鱼、大鲅鱼、海鳗、大梭子蟹为每日必备货，不论市场采购价涨到多少，必须采购进店。大鲍鱼选择其他酒楼不敢经营的5两一只的极品货，翻倍加价销售。策划方案实施15天后，这家酒楼的销售额提高了四倍，人均消费金额明显提高，过去人均消费一般为五六十元，现在上升到百元以上。销售额上去了，客人的意见倒少了，觉得到这里吃饭能吃到东西，菜品品质也明显好于其他企业。

某日式料理企业，同样采取高定价手段改变企业形象，吸引优质客户群进店，改变了经营状况，快速走上健康发展之路。这家六百多平方米的日式料理店，在开业三年的发展过程中，一直依靠做低端菜品招待客人，累积下来亏损近百万元。2010年年底，在接受北京沣之道餐饮管理公司的指导后，开始从低端市场向高端品质市场迈进。重点推行优雅环境、优质菜品和合理价格三方面的工作，顾客反馈效果超出预期。单桌消费提升，整体销售增加，企业经营扭亏为盈。现在，这家企业按照调整后的模式开始全面整理创富体系，准备开展特许加盟业务，把自己的成功经验分享给更多企业。

不仅是海底捞，实质上火锅产业的价格水平整体偏高。也正是因为偏高的价格水平，使火锅店模式能够获取更多利润，成为餐饮行业中一个不断焕发生机的品类。据报载，欧美发达国家餐饮行业价格水平长期居高不下，行业综合毛利率为70%左右，而我国只有经济发达城市的少数餐饮企业才能够达到这个水平，对餐饮行业的从业者来说，实际上是一种漠视和伤害。餐饮行业长期遭受"用人荒"，正是行业回报水平较低的集中体现。在和其他行业的比较中，年轻人认为从事餐饮行业没出息，不再喜欢餐饮，后继无人现象从没有像现在这样严重。从近邻日本和韩国可以看到，餐饮行业的毛利水平一直保持在70%以上，让餐饮人拥有一种正常的、稳定的生活状态。

商品定价法则你学得会

定价策略，决定企业的生存空间和发展速度。通过了解下面有关留住回头客的定价法则，便于经营者探索企业运营规律，构建出符合自身模式的竞争体系。

商圈法则

整体价格体系的高低及商品结构的价位确定，要在研究商圈的基础上全盘谋划。在同一商圈内，需同时考虑两大要素：一是商圈内的顾客购买力和消费习惯；二是同业态中同等类型企业的定价策略和实际经营状况。

以往的一些规律性定价方法，在今天的某些商圈已经失效。例如，低价在请客和被请的人们看来，这是有失身份的一种消费窘态，即使心底里十分愿意接受优惠，可在面子上还是要表现出坚定的拒绝态度。由此看来，根据商圈的市场调研结果定价，无疑是重要的。

定位法则

企业门店的装修档次、菜品搭配、主题风格、服务水平、社会背景、品牌内涵等因素是决定其运营定位的前提条件，由此产生的综合经营指数，要十分精准地确定自身的运营策略，即通过对企业内外资源的整合，寻找到最能体现出企业特点的商品类别或品种，确定商品价格。鲍翅楼应该是什么价格？拉面馆是什么价格？每个人心里早已为各种商业模式定好了位，企业所能做的，是在顾客心中为自己寻找到属于自己的位置。

模糊法则

按照物价部门的要求，我国企业商品销售必须做到明码标价。但餐饮企业销售每份商品的"量"是多少，没有人能真正说清楚。高消费的顾客讨厌量大，称之为没档次；低消费的顾客嫌量小，觉得量小不实惠。所以，餐饮企业除海鲜等品种外，一般喜欢用盘、盅、例、份为商品标价，一桌一量，按需定量，以免因量大量小而引起顾客异议。厨师配菜时，根据顾客的不同，大厅消费的菜量会大一些，包间的菜量会小一些。

重点法则

为使企业的商品形象深入人心，对部分重点商品不按正常加价率定价往往事半功倍。一道成本昂贵的菜，以接近成本或低于成本的价格定价，顾客会是什么反应？一道成本低廉的菜，以高于成本三倍或四倍的价格定价，顾客又会是什么反应？顾客对商品价格的反应依据的是"便宜没好货，好货不便宜"，对于日常认同的平均价格难以引起好奇，而对于"便宜的好货"能够继续保持理性的矜持吗？便宜和不便宜是相对的，顾客大多会从日常的印象及消费经验的积累中得出是否购买的决定。全聚德的烤鸭、金三元的扒猪脸、洋快餐的汉堡，大都遵循这一法则。

竞争法则

找到竞争对手的主流商品，着力模仿，以明显低于竞争对手的价格定价，从而笼络顾客。随着市场竞争加剧，企业经营业态大都不很稳定。周边商圈每有一家规模、档次类似的企业开业，对本企业的经营多少会产生一些影响。一座城市中的供求格局，在不知不觉中出现剧烈洗牌的现象已经见怪不怪。

平衡法则

企业运营的稚嫩病是全面低价。这样一种拼命莽汉的死缠烂打，哪一家企业都无法忍受。如果不是到了垂死挣扎的地步，商品定价的平衡法则务必遵循。例如，高档菜低价位，中低档菜的加价率要高一些；低档菜的价位低，中高档菜的价格可以稍高；菜品的价格低一些，主食和酒水的价格可以略高；海鲜、热炒的低一些，熏卤凉拌的可以高一些；顾客敏感的菜品价格稍低，不敏感的菜品执行高价。平衡定价，能确保企业在经营中既保持相对稳定的市场份额，又能使盈利水平得到保证。曾经有一家川菜酒楼，在不温不火地经营一段时间后，突然发力大举降价，意图打败竞争对手，结果用低廉的知名度换来品牌损伤的恶果，再折腾了几个月之后关门走人了。

形象法则

企业运营忌讳忽冷忽热，有一个大众认可的优良形象非常不容易，即使生意暂时不景气，通过调整商品、提升服务、改善环境等手段，用不了多久，销售额肯定会有所改观。企业的商品定价决定顾客的类别。经营到位的企业，只是为某一类人或某几类人服务，能使这一类人或这几类人真正满意，企业的努力就不会白费。企业赚钱，只能赚有钱人的钱，尤其是只能赚"有钱有需求的人"的钱，有钱人总是要到能体现身份的好企业去消费。好的企业形象离不开商品的高价位。所以，没有必要用过低的商品价格来破坏企业自身的良好形象。

人气法则

运营一家企业，比较棘手的是处理好人气的"度"。商品定价过于大众化，人气有了，但旺市不旺财，没有意义；定价过高，没人气，陷入价高无人的恶性循环，更会加大企业的运营成本。价格要适度，既要使大家在消费过程中感觉舒服，又能使顾客在朋友中有面子，需要企业经营者在各自的环境里拿捏得当。

协同法则

商品与商品之间要有因果关系。顾客消费了这一个商品，必须还要消费另一个商品。这一个商品可以薄利或无利，但下一个商品的利润足以将上一个商品损失的利润弥补回来。商品要这样设计，价格也要这样设计。例如，洋快餐一般不提供免费的开水，其策略就是希望客人在进食汉堡之后，再来一杯高毛利的饮品；海鲜酒楼的大菜加价率并不高，昂贵的是那些并不起眼的小炒，70%以上的毛利率让那些高消费顾客一点儿感觉都没有。高档餐饮企业的茶水、纸巾、餐具收费同样是商品定价协同法则的产物。

简单法则

顾客想看他们所关心的商品的价格，让他们看好了，没有太多需要保密的。人的大脑记忆容量在消费时会锐减，能记住三种商品价格的顾客属于记忆力优秀，能记住五种以上的顾客则是天才！顾客关心的是大菜，就像大多数企业经营者爱做大事一样，除了少数几个大菜，他们没有兴趣关心更多！企业经营者的任务，是选择顾客必看的几道大菜，定一个适度的价格即可，他们记得住鲍汁海参的价格，但未必知道当天早市茄子多少钱一斤。

差异法则

同档次的企业，就同一个或同一类敏感商品在其品质差异不大的情况下，是否要卖同样的价格？当然不。企业竞争的不二法则是商品的差异化，商品、服务、环境及价格共同构成了差异化的商品。在企业竞争的十八般兵器中，价格仍然是首当其冲、削铁如泥的利器，企业的努力方向就是卖同行们嫉妒的高价商品。

厚利法则

与很多人推崇的薄利经营方法不同，真正的品牌之路应该遵循厚利法则。薄利经营只能勉强糊口，拼尽老命仍然难以完成资本的原始积累，开掘属于自己的那口财富源泉，只能留在童话的畅想里。看看各个行业的薄利经营者，有几人依赖自己的力量实现了发展的梦想？建立起自己的乌特邦领地的都是那些获取厚利的经营者。薄利，不过是外行人留在口头上的一种谈资，在消费额度以两位数上升的消费爆发时代，坚守薄利已经变得与时代格格不入。

低价法则

低价与厚利不矛盾，低价厚利，更是当前市场攻城略地的有效方法，如小肥羊火锅店、马兰拉面、多如牛毛的山村农家店。低价的市场，同样可以带来厚利的果实。

　　有一家位于县级商业中心边缘的餐饮企业，按照一般的餐饮选址方法，这不是一个好位置。因为，正当饭口时，这里车水马龙，人来人往，门前不易停车；过了饭口，县城流动人口稀少，门可罗雀，无人问津。可就在这样一个地点，这家餐饮企业坚守低价法则，将10元以下的菜品确定为40道，10元以上的菜品确定为50道，深得县城顾客的人心，每天顾客盈门，成为当地的一个餐饮名牌。

第五章

员工行为管理

☺ 作为人力资源的重要组成部分，员工招聘在构建团队时起着非常重要的作用。选择合适的人员加入企业，既可以降低人力资源成本，又可以很好地杜绝"跳槽"行为的发生，实在是一个两全其美的办法。从一定程度上来说，员工个人条件稍差，对工作的选择面较窄，更容易心无旁骛、踏实做事。例如，年龄稍大的"服务嫂"一般要比年轻的服务员更加爱岗敬业。

☺ 相信员工，把员工当伙伴。不能把员工当"贼"防。坦诚对人，换来的也是坦诚。

☺ 人生最大的难事是沟通。因为沟通不善，两国可以开战，两家可以失和，两人可以分手。每个人长了两只眼睛、两只耳朵和一张嘴，就是让人类学会多看、多听、少说。沟通最有力的武器，就是善于请教。

☺ 成功一定有方法。在看到海底捞成功的表象之后，我们还应该看到其成功的背后。海底捞精神体现了海底捞管理的方方面面，是海底捞管理精华所在，精研细读，可供借鉴。

对于已初具规模的企业来说，进一步发展壮大的瓶颈不是资金，不是模式，而是最为稀缺的员工。张勇宁可降低海底捞发展的速度，也不愿意使用不合格的员工让其仓促上阵，损害海底捞的整体品牌形象。张勇的方法虽然有些慢，但对于企业长远发展却是明智的、有效的。

员工队伍：海底捞的发家秘籍

海底捞已经开办了近 60 家直营店，为什么每一家店都保持了态度热情、服务周到的风格？这个一直被外界视为传奇的管理神话，究竟是靠什么得以传承？海底捞对这种现象的解释是"师徒制"，也就是师傅带徒弟的方法，成熟一个，派出去一个，宁缺毋滥。这种解释，也对，也不完全对。说它对，是因为海底捞确实是这么做的，依靠师徒制，一步步把海底捞火锅王国的地界延伸至四川以外的地方；说它不完全对，是因为海底捞的有效管理还存在另外的"玄机"。

　　海底捞的管理人员和员工队伍主要来自于四川、陕西和云南三地。四川是张勇的老家，陕西是海底捞迈出四川的第一个落脚点，云南则是风土人情和四川颇为相像的邻居省份。老乡之间，毫无疑问是比较容易相互信任、理解和认同的，在建立了共同利益之后，很快就能"抱团"发展。这种合作模式甚至超过了契约规范，凭借老乡的情谊就会融为一体，形成管理学界一直崇尚的"团队精神"。我不认为这种现象是狭隘的局限，而是把它看作是现实的存在，无论管理专家们是否承认，这种存在都是有效的、合理的，并非是海底捞的专利。曾盛极一时的"温州炒房团"就是以温州老乡为主体，心意相通，珠联璧合，配合默契，同进同退，掀起一波又一波的地产创富浪潮，不能不说这是老乡合作的典范。当海底捞以老乡为创业根基时，等于为自己找到了一块稳定的基石。海底捞的企业精神、技术标准、服务方式和管理规范得以长期坚持和顺利传承。稳定，对于当前人员流动极大的餐饮行业来说，是一种多么可贵的状态。因为，有太多的企业因人心浮动导致制度失效一夜关门，高价购买的专利技术和烹饪设备成为一堆废物。

　　海底捞的公司治理结构是男→女→中层管理人员。按照金字塔型岗位排列结构，张勇是公司的总经理，居于金字塔的顶尖部位。下一个级次是副总经理杨小丽（负责具体执行），承上启下，贯彻落实张勇决定的各种事项。再下一个级次是肩负各种职责的中层管理人员，分解落实杨小丽下达的各种号令。这种公司治理结构，和海底捞顶礼膜拜的企业明星——青岛海尔集团非常相似。海尔集团的董事长是张瑞敏，负责执行的是女士总经理杨绵绵，再下一个级次才是各路大权在握的高管。两个海字打头的企业，共同显著的特点都是执行力极强，这是否可以被认为是这种公司治理结构发挥了重要作用？心理学研究证明，男人的心理特征趋于理性，适合于远景展望和科学决策；女人的心理特征趋向于感性，适合于精密计划和严格执行。张勇和张瑞敏，两个人既能够深入一线体察精微之处，也能够高屋建瓴决策千里之外。但这样的强势，却极易引起同性别同事的心理抵触。所以，如果能有一个化解矛盾的中间层，则会使众多纠葛化于无形。杨小丽和杨绵绵就是这个兵来将挡水来土掩的中间层。在工作中，张勇是一个非常简单的人，不喜欢复杂，怎么想就怎么说。这种性格具有浓重的餐饮老板特色。张瑞敏虽然富有智慧，但处理公务时讨厌虚与委蛇，喜欢锋芒毕露直奔主题。他们的直接下级，必须是一名充满崇拜而又善解人意的异性，在他们的电闪雷鸣面前全盘照收，然后再润物细无声地分解落实。这也是他们的明智之处，知道自己的短板是什么，于是便亲自找来合适的补丁弥合不足之处。很多老板就没有这等智慧，事必躬亲，求全责备，虽然也希望寻找高手帮自己，但即使用高薪仍然难觅合心知己，其根本原因，就在于少了这一中间缓冲层。

表5-1　海底捞与社会酒楼各要素对比分析表

对比项目	海底捞	社会酒楼
1. 员工标准	必须是一位勤快的人，哪怕你再笨我们都愿去教你。对身高、长相和学历无严格要求	注重仪容仪表，对身高长相有明确要求。个别高档酒楼还要求学历
2. 服务对象	以青年白领为主的大众消费阶层	以中年人士为主的中高端消费阶层

（续表）

对比项目	海底捞	社会酒楼
3. 服务方式	个性化服务。以邻家小妹的感觉与顾客友好相处，体现出亲热、乖顺	标准化服务。以专业服务人员的形象示人，和蔼可亲，典雅有礼
4. 管理手段	师傅带徒弟的方式。容忍错误，重在提高，提倡身教，强化指导	经理带员工的方式。推行严格管理，奖惩分明。对错误零容忍

　　海底捞的员工标准、服务方式、服务对象和管理手段与许多同档次酒楼的要求明显不同（详见表5-1）。海底捞的方法是招聘勤快的员工，帮助员工提高技能水平，激励员工用双手改变生活，使身高、长相、学历并不占优的员工成长为态度亲热、善于合作的一流人才。那些凭借俏丽容貌、妙曼身姿便可获得高薪的酒楼员工，在同等条件下是不会屈身到火锅店工作的，他们的特长是能言善辩，见风使舵。他们所信奉的工作理念是给钱就做，没钱就走。在餐饮行业频现"人工荒"的状况下，只要有企业付高薪，他们很容易就会从这家跳到那家。海底捞的员工在为改变命运奋斗，那些酒楼的员工在利用现有的条件换取更好的待遇，呈现到顾客面前的状态能是一样的吗？他们的不同，导致企业的命运也不同。

信任的力量

　　海底捞最有魅力的一项规定是员工具有打折权。顾客因等座、服务、菜品不满意，服务员可以根据现场情况给予顾客一定的赠品或折扣优惠，平息顾客情绪，增加快乐气氛。所以说这项规定有魅力，是因为在使用过程中一旦出格，后果将不堪设想。山东省东营市某肥牛火锅店在学习海底捞之后，同样把打折权下放给了员工。规定执行后，员工们乐不可支，纷纷通知亲朋好友到企业就餐，然后便无休止赠送，大方打折。员工们甚至怀疑，老板的脑子是否有毛病了？一月过后，打折权的实行根本没有起到回报顾客的作用，相反倒使成本费用增长了很大一块。老板搞不懂，同样是打折，为什么海底捞就能够做得收放自如，而自己的企业却寸步难行呢？

企业管理经常使用"疑人不用，用人不疑"来形容管理人员应大胆放手，让下级自主行使权力。尤其是投资人和总经理之间，更是因是否放权引起业界反复争论。投资人担心，自己是最后结果的承担者，一旦总经理管理失策，受损失的还是自己。总经理抱怨，既然让自己全权负责经营管理，就应该给自己大胆放权，按照自己的想法开展运营，投资人不应对每一个环节都事无巨细地问长问短。应该说，双方的想法都有道理，但也都有不当之处。

确实存在职业经理人利用职务之便以权谋私。

黑龙江大庆一家私房海参馆，为使企业菜品口味地道、管理能够很快步入正轨，特地从山东沿海地区聘请了一位职业经理人以总经理的身份常驻企业，并把人员招聘、装修、原材料和设备采购等权力全交给这位经理人负责，期待企业能够实现科学运营。这位经理人上任后，对企业整体运营兴趣不大，把注意力主要集中到花钱的事项上，和供货商及装修施工单位打得火热。投资人私下一调查，很快发现这位经理人和供货商以及施工单位订立了付款提成协议，海参馆每付出一笔款，这位经理人要从中提取 15% 的好处费。投资人气急败坏，很快让这位经理人离职让贤了。

作为行业顶尖人物的职业经理人都能够置职业道德于不顾，那么如果把权力放给普通员工，结果不是更加令人担忧？

我曾经以顾客身份要求海底捞的服务员给我免单或打折，但结果没能如愿。海底捞的服务员笑呵呵地问我："您对我的服务不满意吗？您觉得我们的菜品不可口吗？您觉得我们的环境不舒服吗？如果都没有，那为什么要打折呢？"我含笑无语。

海底捞的一位店长介绍，海底捞对员工的赠送行为设置了一个事后的监管措施。员工在现场可以根据实际情况给予一定的赠送或打折，但需要在单据上注明理由。店长每日业务终了，也需要对赠送或打折情况进行汇总稽核，了解具体赠送原因。出现异常，会对赠送人员进行调查。

这就对了。没有监督的权利，一定产生腐败。

我一直认为，"用人不疑，疑人不用"就是一句无法做到的童话。大家非亲非故，凭什么能够做到用人不疑？太假了吧？只是这样的一句童话居然还有人信以为真。我一直信奉"用人必疑，疑人必用"，是因为企业用人必须建立在制度监管的层面上，明确告诉责任人，企业放权的游戏规则就是"大胆放权，全面监管"，让掌权人员心生忌惮，谨慎施为。之所以会出现那种"当面客客气气、背后咬牙切齿"的状况，根本原因就在于投资人和责任人碍于面子，"羞答答不好意思说"，才造成双方误会加深，牢骚满腹。

被信任的感觉真好。只有把员工视同家人，才会把权力放给员工。

这些来自农村的孩子，在企业工作的同时，还可以享受到被信任的感觉，在一定范围内自主决定折扣金额和是否赠与，那种强烈的参与感必定会生发出许多的荣誉感和主人意识，让员工们与企业同心同德，患难与共，责权同在。

成功的企业在某些方面具有惊人的相似之处。

有一次，净雅集团一位店长在和同行们分享管理体会时说道："员工管理，最重要的是要认清员工自身拥有的荣誉感和好胜心，这是人性。企业管理制度设计，就应该围绕员工的荣誉感和好胜心展开。你做得好，我要通过努力比你做得更好。能够使人性的积极一面充分释放出来，这个制度就是有效的、合理的，否则就是虚伪的、过时的。企业必须要相信员工，不如此，运营将寸步难行。"

没错，因为张勇的信任，杨小丽得以在 21 岁笑傲西安，摘取了西安火锅店的王冠。若干年后，因为杨小丽的信任，海底捞建立起一支由二十几岁的年轻人组成的管理团队，他们四处出击，攻城拔寨，创造了一个又一个海底捞式的奇迹。因为信任，海底捞员工们高度自律，恪尽职守，把忠诚贡献给海底捞。

沟通无处不在

在没有到海底捞火锅店考察之前，我一直以为海底捞的员工管理以教育为主，体现充分的以人为本的精神，淡化制度约束。但和海底捞的员工们聊过之后，我的这种想法变了。

在海底捞大慧寺店一楼，一个门迎岗位的女服务员不停地给顾客擦皮鞋，还要照顾进来的客人临时就位等待或引领客人上楼，满脸是汗。我不由得深受感动。因为职业的关系，我对服务员的工作非常熟悉，也清楚服务员们的家庭状况和心理动态，深深知道服务员们的心理障碍在哪里。于是，我问服务员："你为什么会干得这么努力？"她说："为了海底捞火锅店生意兴旺啊。"我又问："你做这么些工作，出了错怎么办？经理不会罚你吧？"她马上回答："如果我们自己因为不努力不用心犯了错误，我们就应该主动申请罚款。这是态度问题，我们不应该因为领导没有看见就自己原谅自己，那样做是对企业不忠诚。我昨天还被罚了50元呢。"我憋不住笑了。

海底捞没用自己的亲朋好友驻店蹲守，却发动全体员工开展了一场爱岗敬业的"人民战争"。员工们对此深信不疑，并且引以为荣，自觉遵守。这一点在餐饮行业非常难得。

餐饮人大多来自农村，家境一般中等偏下。学历低，能达到初中程度已属不易。年龄小，有的从十五六岁就开始外出打工。这样的一个背景，使餐饮人形成了得过且过、差不多就行的习惯。到餐饮企业工作，他们视管理制度为多余，骨子里并不认同企业管理标准，糊弄一天是一天，干一天就得开一天工钱。更为关键的是，近年来城市里提倡创业，用工增多，"人工荒"现象十分常见，他们不愁工作岗位。只要愿意，一个小时就可以找几份工作回来。因此，餐饮管理往往表现出学历低、素质不高、年龄小、流动大、不服管的特点。能够把这样一群人"改造"成识大体、懂礼貌、会干活、善合作、爱企业的优秀员工，海底捞的"培训系统"得具备多么大的"改造力"啊！

海底捞的管理人员特别能讲。这是我在和海底捞人接触时，海底捞的管理人员给我留下的深刻印象。这或许是师徒制的功劳。师傅要向上升迁，必须要努力提高徒弟水平，使其独当一面。而要提高徒弟的水平，师傅的讲话能力一定要强，既要能够清晰表达思想，又要注意语言的通俗易懂和讲解方式的形象生动。餐饮行业的优秀师傅，必须要学会说故事，用故事讲道理。用这样的方法，效果才会好。

《海底捞文化月刊》的定期出版成了海底捞人上下沟通的给力平台。这份每月一期的企业小报，倡导企业精神，传递企业声音，抒发员工情怀，交流同事情感，剖析管理案例，反映基层呼声，凝聚了海底捞创业发展的点点滴滴。极为难得的是办报宗旨，不是勉为其难地拼就官样文章，而是深入海底捞的一线基层，掌握第一手的鲜活资料，主旨清晰，立意积极，事实准确，描述生动，成为海底捞人喜闻乐见的平实读物。应该说，海底捞企业文化的传播和形成，《海底捞文化月刊》功不可没。

海底捞人通过各种方式做沟通，那么企业中人应该怎样做好与员工的沟通呢？

良好的沟通不应是夸夸其谈。各个班组的每日例会，应该是相互沟通的良好机会，不应成为管理人员的单向灌输。我曾在一家餐饮企业看到管理人员为员工开例会时，车轱辘话满天飞，絮絮叨叨，没完没了，叮嘱过后是指责，指责过后是叮嘱，让员工们灰心丧气无地自容。管理人员的如此表现，表面上看是对企业负责，实际上是在为自己评功摆好，卖弄口舌，员工们是不会认同的，效果自然也不会好。有效的沟通应该从倾听开始，用心倾听员工的心声，关心员工的心理感受，设身处地发现其真正面临的问题，然后再有针对性地予以解决。在没有弄清事情真相之前，切记不要胡乱训斥和盲目指责。员工受了委屈，小问题可能就会变成大问题。现在强调执行力，有些投资人简单地认为只要管理人员大胆罚款就是执行力强，其实大谬不然。好的企业管理应该是重沟通、轻罚款、提倡表扬及以奖励等正激励手段调动员工积极性，让员工满怀激情为企业工作。

　　管理人员沟通能力的体现，还在于在沟通时能够敏感地发现员工的需求。

　　山东威海九禧海鲜坊的老板宋总在和下属企业一总经理聊天的时候，发现其情绪不正常，神情恍惚，便细心探听原因。原来，这位总经理头天晚上回家时，开车不小心发生了交通事故，把一行人给撞伤了，现正住在医院。为抢救这名行人，这位总经理刚刚把家里的存款都拿了出来，送到了医院，现在还差一部分。宋总听完这件事，和妻子商量了一下，马上去银行取出了两万元交给这位总经理。总经理根本没有想到宋总会为自己解决这么大的难题，非常感动，连连表示，今后一定为企业贡献一切力量。如果宋总采取简单方法要求总经理在岗工作时要精神饱满，结果肯定会大相径庭。

　　发自内心找到员工优点并给予适度赞美。每位员工的优点都会得到管理人员的认同和肯定。人人有优点，只是管理人员的眼中缺少发现。好员工是夸出来的，发现员工优点，一定要在开会的时候公开表扬。赞美员工也要有技巧，赞美的程度要和员工内心对自己的评价相一致。过高，员工认为自己没有那么高尚，这种赞美不真诚；过低，员工认为管理人员看低了自己，这种赞美不够味。有效的赞美应从员工的长相、服饰、气质、习惯、态度、爱好和人际关系入手，实事求是，真情实意。

发现错误，马上指正。员工在工作中有问题，管理人员绝不能放任不管。确实是员工的错误，应该帮助员工认识问题的实质和严重性，鞭辟入里，入木三分。餐饮人面对的工作状况往往是顾客乱、员工忙、衔接差、事情急，需要现场员工马上判断就地解决，出现错误在所难免。错误性质分两类：一类是无意犯错，需要管理人员态度和蔼地帮助员工分析原因，及时改正；另一类是有意犯错，要根据错误程度提出严厉批评，直至除名，如有严重违法事项就要移送司法机关处理。对错误不能姑息，一次放过，贻害无穷。

海底捞精神你学得会

海底捞的宣誓词

我宣誓：

我愿意努力工作，因为我盼望明天会更好；

我愿意尊重每一位同事，因为我也需要大家的关心；

我愿意诚实，因为我要问心无愧；

我愿意接受意见，因为我们太需要成功；

我坚信，只要付出终有回报。

海底捞店歌《携手明天》

唱着同样的旋律，共创美好的明天，怀着同样的梦想，时刻发愤图强，为了飞跃成长，为了创业而坚强，心连心，一起度过艰难，手拉手，分秒并肩作战，创造奇迹，拥有梦想，知恩图报，双手创造未来；

带着同样的目标，共创美好的明天，怀着家人的期望，时刻发愤图强，带着母亲登长城，终有一天会实现，心连心，一起度过艰难，手拉手，分秒并肩作战，创造奇迹，拥有梦想，知恩图报，双手创造未来。

海底捞三大工作目标

1. 在海底捞内部创造一个公平、公正的工作环境。

2. 致力于双手改变命运的价值观，在海底捞变成现实。

3. 将本品牌开向全国。

海底捞服务宗旨

1. 细心、耐心、周到、热情。

2. 客人的每件小事要当成大事去做。

海底捞员工四不准

1. 不准给客人脸色看，不准与客人争吵。

2. 不准因客人的打扮而轻视客人、议论客人。

3. 不准因与客人认识、知道客人的过去而议论客人。

4. 客人掉在餐厅的物品不能占为己有，应主动上交吧台。

海底捞的含义

1. 对员工的解释

（1）海：大海宽阔（品牌），无穷无尽。

（2）底：海底捞用人的原则，每位员工必须从底层做起。

（3）捞：综合素质，用勤劳的双手去改变自己的命运。

2. 对客人的解释

海底捞的火锅有大海一样无穷无尽的食物，应有尽有，供顾客品尝。

海底捞用人原则

必须是一位勤快的人，哪怕你再笨我们都愿意去教你。

公司高压线

1. 从人品，不说谎。

2. 从勤劳，不喜欢懒惰的员工。

3. 从敬业。

4. 从诚实。

5. 从孝敬父母（在海底捞工作你能改变自己的命运价值观，你是否改变了家人的命运价值观，你做到了吗?）

海底捞服务员应该具备的精神面貌

做事要开朗、乐观、大方，不拘谨，不忸怩，表里如一，胸怀坦

95

荡，不存心机，热情，充满活力，要有进取上进心；一切以海底捞为重，上班不带任何情绪，遇事冷静不慌，遇客人询问百问不烦，百答不厌（注意：服务员不懂就是不懂，切记不能故作老练）。

海底捞优质服务的"五声四勤"

1. 五声

（1）迎声。

（2）答声。

（3）谢声。

（4）歉声。

（5）送声。

2. 四勤

（1）眼勤，即眼观六路、耳听八方，重要的是注意客人的各个神态，如招手、探头。

（2）嘴勤，即做到人未到声先到。

（3）手勤，即做到客人想之前、行之前。

（4）腿勤，即麻利。

服务员授权制度（公司给予每个服务员）

1. 当出现质量事故时，服务员有权根据具体发生的情况，给予客人打折或免单的优惠；当客人提出的要求超出全额免单范围时，领班有权根据情况给予客人消费两倍以内的赔偿。

2. 不论在店内还是店外，当客人需要帮助时，服务员都有权根据具体情况支配二百元以内的资金给予客人帮助。

3. 以上情况发生后，当事人必须在当日营业结束后通知大堂经理，并填写报销单由大堂经理签字后报销。

4. 对于员工就上述行为可能发生的不妥之处，除员工恶意犯错的情形以外，领导只能进行培训和指导，不得采取任何处罚措施；如果员工确属主观故意犯错，领导有权予以开除。

八小时复命制度

针对上级给下级下达任务，下级向上级请教问题，都必须在八小时内给予回复。

第六章

感动员工

☺ 企业文化如同人的品行和性格，是企业所有员工的共同理念和行为准则。任何企业都会有企业文化，只不过有的是积极的，有的是消极的。企业文化颓败，企业的风气就不正，企业经营也难见成效。

☺ 企业文化不是要所有员工向投资者无私奉献。如果让员工们读出这种含义，那么再好的企业文化构架也不可能形成优质的企业文化。建立企业文化，需要包括投资者在内的所有人齐心协力，共同遵循一种理念、一个准则。投资者将自己看做企业化身，要求所有员工效忠于己的做法，必定会招致所有人的反对，让企业文化流于形式。

☺ 海底捞员工们相信，企业好自己就会好。因为，他们相信张勇大哥不会让他们白干。企业制度的设计，也是让他们与投资者一起共同创富。这样的企业文化，才是真正建立在群众的基础之上。孙子兵法有云："上下同欲者胜。"

☺ 建立企业文化，要虚实结合。虚的是形式，是纸上功夫，实的是回报，是内心感受。员工愿意遵循企业文化，必须要让他们认识企业文化能够给他们带来什么好处，并且能在工作中感同身受，享受到这种好处。海底捞让员工感动，员工也就懂得了感动的重要，学会了让顾客感动。

企业的第一顾客是员工，这句话好说，不好懂，更不好做。"感动员工"应该是对所有管理人员的基本要求。一名管理人员一天感动 10 名顾客，还不如一天感动五名员工，因为受到感动的五名员工绝对不止感动 10 名顾客。只有要求管理人员感动员工，才能与要求一线服务人员"感动顾客"在逻辑上保持一致。海底捞看来是真懂了，他们为员工的工作和生活办了许多实事。海底捞式的超值服务引起广泛关注，但更应该深入了解的是海底捞"把员工当人看"、为员工规划未来、帮助员工逐步走向成功之路。海底捞不但是企业，而且还是家，是学校。

海底捞的福利待遇

海底捞最为同行所羡慕的是其系统有序的福利待遇。从入职海底捞开始，就等于投入到一套完善的福利待遇体系之中，让海底捞员工可以体验城里人一样的尊严和惬意。这套福利待遇系统包括吃、住、玩、教、托、假、保七个方面（详见表6-1）。

表6-1 海底捞员工福利待遇一览表

项目	具体待遇
吃	除早、午、晚三餐外，晚上九点还供应夜宵，酸奶面包一应俱全
住	员工宿舍离工作地点步行不会超过20分钟，全部为正式住宅小区，且都会配备空调；有专人负责保洁、换洗被单、洗工服；如果员工是夫妻，则考虑给单独房间
玩	公寓里配备有线电视、上网电脑
教	选送员工到自办的海底捞大学培训学习
托	1. 按照不同管理人员的等级，为领班以上的管理人员父母发放几百元不等的工资，使员工父母老有所养 2. 海底捞在简阳建了一座私营学校，海底捞员工的子女可以免费上学
假	1. 婚假。工作满一年的员工结婚可以申请婚假，店经理批准后可享受10天婚假（休完婚假后需将结婚证交由店经理查看），婚假期间只发放基本工资＋工龄工资，休完10天婚假马上上班的，在上班时间可以按实际上班天数享受当月其他正常时间分红，休完累计的余假和婚假继续休假为超假，工资按超假计算 2. 婚假福利。连续在海底捞公司工作三个月以上的员工结婚，从领取结婚证书之日起三个月内，在所在片区工会登记，由所属工会发放100元以内的纪念品；大堂经理、厨师长级别的人员，由所属工会发放1000元以内的纪念品；店经理以上的人员，由所属工会发放2000元以内的纪念品；夫妻双方都在本公司工作的，按级别高的计算，以上婚假的享有者均为初婚

（续表）

项目	具体待遇
假	3. 产假。在公司连续工作三年以上的员工或一年内四次当选为先进的优秀员工（含四次）符合国家婚姻法规定且为第一胎，怀孕三个月以内，工作岗位从轻安排，每天工作不超过6小时，所在单位每月发放营养补贴100元；怀孕三个月以上由所在单位放假，每月补贴200元，期限九个月；如怀孕后马上休息的每月补贴200元，期限为一年，补贴每月领取，产假休完后工资按上班后安排的岗位发放 4. 丧假。连续在公司工作三个月以上的员工，直系父母去世，可享受五天带薪丧假，由所属工会发放50元补贴和30元以内的慰问品；大堂经理、后堂经理级别的人员，由所属工会发放100元补贴和30元以内的慰问品 5. 探亲假。 （1）从外地招聘到本地工作的员工（距离500公里以上），在工作异地工作半年后可申请探亲假，每年一次，一次10天。探亲假必须由店经理批准，探亲回来后报销工作地到县城的硬座往返车票（含火车票和汽车票）。大堂经理、厨师长以上人员报销硬卧往返车票，如当年未休探亲假可以累计休假。如在当地招聘的员工父母在外地，每四年享受一次探亲假，探亲回来后报销硬座往返车票 （2）从外地招聘到异地店的员工（距离为50公里）在异地工作一年后，普通员工一年累计三次以上（含三次）被评为先进个人的，其直系父母可享受一次来工作地探亲的机会，由工会报销硬座往返车票（不通车的可报销到县区的汽车票），员工享受三天陪同假，工会邀请在员工工作分店就餐一次（标准100元以内） 6. 员工公休假探亲补贴。已婚员工在公司工作满一年且夫/妻在不同地区工作，员工因工作当月假期未完全使用的，可以累积推后用于夫妻探亲。公司为员工提供每年三次夫妻所在地之间的往返硬座车票报销

（续表）

项目	具体待遇
假	7. 符合上述要求的员工使用累积假期的，应当提前 30 天向主管部门领导申请 8. 升迁到管理层的福利补贴 （1）保育补贴：300 元/月 （2）育婴补贴：大堂经理 600 元/月，经理级别以上 1200 元/月 （3）家属补贴：大堂经理级别 200 元/月，经理级别 300 元/月，片区经理级别 400 元/月
保	公司按规定给员工个人办理有关保险

在目前的餐饮行业，能够达到这种福利待遇标准的确属少见。毕竟，不少餐饮企业还处在水深火热的创业阶段，本身的生存还是问题，能够把工资按时如数发放就已经难能可贵了，没有经济实力去关注员工的福利待遇。虽然国家有关部门三令五申，要求餐饮企业必须按照《中华人民共和国劳动法》的要求对员工给予相应的待遇，但在具体执行过程中，仍有不少企业难以达到这种标准。况且，一部分餐饮企业的投资人仍然处于"大个体户"层次，缺少长远观念，存在严重的短期行为，经营管理的注意力主要放在顾客身上，而对于员工的福利待遇则能省就省。他们或许没有认识到，餐饮行业已经进入大调整、大洗牌阶段，地段好、结构优的房屋资源越来越稀缺，资金、人才、技术等社会资源越来越集中于少数品牌力卓越、管理水平先进和商业模式优异的企业，市场的缝隙越来越少，如果不能迎头赶上，最终难以躲过被挤出残局的下场。"用工荒"问题的出现，对劣质企业是难关，对优质企业来

讲，正是将对手击败的最佳时机。一个市场中的竞争者少了，活下来的企业当然就可以活得更好。

员工凭啥对海底捞忠诚

海底捞的员工对企业忠诚，即使离开的员工也是这样。除了比同行其他企业略高一些的工资收入和较为完善的福利待遇之外，还有以下四点至关重要。

激励员工追求平等的欲望

因为平民出身，不少从事餐饮的员工对自己所遭遇的种种不平认为是理所应当，没有什么该不该的。打工赚钱，养家糊口，目标就是这么简单。但海底捞将这种不平等明确提出来，倡导"人生而公平"，号召员工们为改变命运而努力，这极大地激活了员工们的主观能动性。他们忽然意识到，原来自己也有平等的人生权利，通过努力，自己也可以拥有富足的生活，也可以买上好房子、开上私家车、让自己的孩子受到良好的教育。这种接近于"理想化"的愿景一旦可以通过在企业努力工作得以实现，海底捞人的工作热情一下子就被激发出来。什么苦啊、累啊、脏啊，在这个宏伟的目标面前算得了什么？而且，无论你是丑呀、矮呀、老呀、文化低呀、没有背景呀，只要你勤快，海底捞都不嫌弃，派专人教你，帮助你努力实现目标。而且，和许多餐饮企业不同的是，海底捞讲究诚信，说到哪里做到哪里，对于达到要求的员工，一定兑现承诺。这样，海底捞的激励系统就建立起来了。

帮助员工设计出人头地的道路

根据员工的不同情况，海底捞给员工设计了多条发展的途径：一是对于希望自我奋斗的年轻员工走管理路线，即新员工→合格员工→优秀员工→实习领班→优秀领班→实习大堂经理→优秀大堂经理→实习店经理→优秀店经理→实习大区经理→片区经理→总经理；二是对于年龄偏大的员工走技术路线，即新员工→合格员工→优秀员工→先进员工（连续三个月当选）→标兵（连续五个月当选）→劳模（连续六个月当选）→功勋（相当于店经理的福利待遇）；三是对于非专业岗位员工走后勤路线，即新员工→合格员工→一级员工→先进员工→后勤部门岗位经理。这样，让员工们清晰认识到自己可以选择的道路，知道怎样努力才能生活得更好。

而且，海底捞制定了成为一名合格员工的八条基本标准：（1）业务熟练，顾客满意度较高；（2）团结同事；（3）工作主动，积极性强；（4）工作责任心强；（5）情绪稳定；（6）能准确、快速完成上级交办的任务；（7）不违反规章制度；（8）任劳任怨，不怕苦，不怕累。用这八条标准帮助员工修心养性，完善自己。

海底捞的内部提拔机制让员工充满期待

榜样的力量是无穷的，看到身边的同事通过奋斗一步步向上攀升，薪资水平、福利待遇不断发生变化，员工们在企业里铆足了劲儿展现自己美好的一面，通过双手改变命运。

这是一种两全其美的选择：员工得到实惠和上进的机会，企业得到充满活力的员工。其实，管理人员的工作能力主要分两部分：一部分是经营能力，包括企业定位、氛围调整、确定特色、制定菜谱、营业推广等，需要长时间的行业积累才能够学懂弄通；另一部分是管理能力，包括顾客接待、思想沟通、现场督导、环境清洁、投诉处理等内容，可以在比较短的时间里快速掌握，达到一个不错的专业水准。海底捞采取连锁经营的方式开展经营活动，在商业模式、企业形象和战略策划等方面已经形成了自己的一套比较完善的打法，无需身处一线的管理人员再行创新，按部就班执行好，就可以完满实现经营目标。所以，海底捞管理人员的工作能力，具备管理能力就能够满足工作需要。这一点，也是海底捞内部选拔机制得以实行的现实基础。更为现实的是，采取内部选拔管理人才的方法，既能够为海底捞员工打开一条向上发展的通路，同时又可以节省一笔外聘优秀店长的费用。用海底捞内部人员薪资待遇标准，可以激励内部提拔的管理人员忘我工作，但却无法满足外聘一流管理人员的超高期望值。

让员工感动

海底捞这个提法的本身，就很让人感动。我还真没有听说过哪一个老板把员工的位置摆得这么高。张勇在管理人员内部会议告诫大家："有些员工不可能在海底捞工作一辈子，将来可能也要成为老板，会到餐饮企业吃饭。如果我们能去感动他，不但现在工作情绪稳定，积极性高，而且将来还会成为我们的顾客。"

2009年12月，我曾经随同重庆一家火锅连锁店的高管到海底捞挖人。在优厚的待遇面前，海底捞的一名店长无法抵御诱惑，最终离开海底捞去了重庆。我知道重庆那家火锅连锁店没有海底捞模式生存的土壤，要不了多久，就会因水土不服而分道扬镳。果然不出所料，他在重庆火锅店工作的日子并不长，仅仅四个多月的时间就舍弃重庆另投他处。与重庆火锅店分手的原因，是那家火锅连锁店并没有兑现当初的奖励承诺。前不久，我们俩在北京海底捞白家庄店相聚，言及海底捞的"感动文化"，他一脸愧疚地告诉我："离开海底捞的那个月，自己只上了10天班，但海底捞是按照整月工资给自己开的。最初几个月的奖金，每月仍然给打到工资卡里，让人感动啊！我一直对海底捞心怀感激之情，只要有机会，我就会尽我的能力感谢海底捞。比如，每次和朋友一起吃饭，我一定会选择海底捞。"

在写本书的时候，我和某外资公司负责人力资源工作的白领聊起海底捞的感动文化和员工忠诚，并把部分稿件让他预先阅读。那位白领忽然若有所思，问我："你说我们领导是不是应该给我们画一张'大饼'？哪怕将来我们得不到这个大饼，但现在的生活也会充满乐趣呀。"

或许，每一个人都需要有一张大饼。在单位工作的人，单位有责任帮助他们设计一个大饼，让他们沿着预先设定好的路线，一步步向上攀升；自谋生路的人，也应想办法为自己设计一张大饼，让这个满是诱惑的大饼，激励自己克服各种困难奋勇向前。张勇为海底捞画的这张大饼，看来已经被海底捞人认同了，而且有很多人按照企业的指引得到了这张饼；否则，员工们不会有那么大的动力追随在张勇身后，把海底捞越做越好。

要法治，不要人治

不是只有海底捞火锅店一家想为员工办好事，还有很多企业的老板同样想通过改善员工福利待遇稳定员工队伍，只是因为这样或那样的原因，有些政策虎头蛇尾，半途而废；而有的措施又因人而异，过期作废，往往让员工不得要领，不知道这些朝令夕改的福利待遇到底算不算数。这主要表现在以下几个方面。

一是投资人的亲朋好友当道，为表忠心胡乱决策。

这些人瞎参谋，乱干事，只为了表现自己与其他员工不同，习惯于代表员工"大公无私"，将本来应该给予员工的福利待遇大幅缩水，让员工欲哭无泪。

某酒楼经理借圣诞节之机，向到店举办活动的供应商要了一台很精致的自行车，准备元旦期间给员工搞活动用作奖品。没料到，自行车放到库房后被负责采购的老板的姐姐发现，在未得到经理同意的情况下，自己擅作主张，把自行车据为己有。此事在企业传开后，员工们七嘴八舌，议论纷纷。本来是一件可以让大家很高兴的事情，因为老板亲属的介入，反倒影响了员工们的工作热情。

对这些投资人亲友的举动，从亲友的角度来说也是可以理解的。投资人之所以安排若干个亲朋好友到企业工作，目的就是用他们掣肘外聘管理人员的行为，避免他们以权谋私。但投资人没有想到，企业中这些非正式群体的能量一旦超过正式管理群体的承受力，正式管理群体就会变得似是而非，摇摆不定，企业中的事情没有人真正去负责任，将来受损失的还是企业利益。从暂时看，亲朋好友彼此熟悉，用起来顺手，但从经营的大局看，以感情代替原则，任人唯亲，让努力工作的员工看不到希望，必定会造成离心离德的后果，企业如何能保持长盛不衰的经营活力？

二是投资人夫妇意见不统一，制定政策难以执行。

企业的"夫妻店"现象十分常见，创业时期，确实体现了夫唱妇随、齐心协力的积极一面。但一旦进入到发展期以后，夫妻之间容易对有些事情看法不一致，出现意见分歧。少数夫妻甚至因此走向决裂，草草分手了事。

海底捞老板张勇的选择是对的。在海底捞发展到一定程度后，他就把太太送回了家里，为自己减少一些压力。夫妻店经营，具体工作太多由太太担任，丈夫的很多建议，在太太面前好像可有可无。放手管理，太太不服从；退而不管，企业前景堪忧。左右为难，还是有一方离开为好。

三是决策者言而无信，根本不想兑现当初的承诺。

确实存在一些这样的投资人，不拿自己的名声当回事，随便答应员工条件，等到兑现时便翻脸不认账。

石河子市某企业出现了用人荒，该企业不停地在媒体上刊登招聘广告，虽然企业的工资标准已经超出其他企业相同岗位 100 元以上，但应聘者寥寥可数。老员工们悄悄窃笑，为企业的窘迫处境幸灾乐祸。据说，这家企业的员工离职时，没有一个人能把剩下的工资全部领走的，个别员工甚至会白干多月。拖欠员工工资是这家企业的家常便饭，短则一月，长则一季。脱不了身的员工便想方设法找平衡：可扔可不扔的原材料，全部扔掉；刚刚买回的牛羊肉在不知不觉中变成了员工们的美味佳肴。老板虽然先后在北京、济南等地请了几位总经理帮助打理企业的具体事务，但因为根本不兑现当初议定的工资和福利待遇，所以总经理在这里工作超过两个月的几乎没有。久而久之，老板的人品在当地业界家喻户晓，在当地很难招到合适的人手进店工作。

通过仔细研究当前市场经营中那些笑傲江湖的企业后发现，这些企业老板的行为准则出奇的相似——遵时守信，表里如一，极少出现不守信用招致的诉讼案件。这些企业的人员流动量不大，即使出现人力缺口，也会很快补齐。员工们热爱自己的企业，以店为家不是企业口号，而是员工们发自内心的真实感受。除非退休、自己创业或离开餐饮行业，否则员工们不会想到跳槽、怠工甚至罢工。顾客也愿意前往这样的企业消费，认为在这里消费既放心又有面子，企业从这样的服务中源源不断地获取利润。有关职能管理部门更是锦上添花，今日送匾开会表彰，明日媒体介绍经验，众人拾柴火焰高，企业品牌越来越响。百年老店的运营管理经验告诉了所有企业老板，长寿企业的健康秘诀就是不骗人、以诚相待、信守承诺。工资发放宁可提前，不可拖后；定期为员工提供优厚的福利待遇，让员工在企业感受到家的温暖。

员工无小事，员工的任何一件小事都是大事。希望做强做大的企业，应该向海底捞这样，把员工的福利待遇当做一件大事来抓，根据福利待遇标准、办事机构、其申请流程和兑现方法制定出长期稳定的制度，方便员工尤其是新员工们的了解和体会，做到心中有数、利于执行。没有制度做基础，福利待遇变成了老板的施舍、管理人员的恩赐，而不是自己的劳动所得，员工们在申领时就会觉得别扭，仿佛低人一等，企业的付出就无法获得完美的回报。

企业文化"五要"你学得会

不知从什么时候起，企业文化竟然变成了不着边际的假、大、空。无论企业大小，几乎千篇一律都是"开拓"、"进取"、"团结"、"奋进"，仿佛不如此便不时尚，便不能"赶欧超美"，便会被世纪年轮留在上个世纪。这种形式上的企业文化，与其有，莫如无，不但徒有其表，还会将真正的企业文化阻挡在企业大门之外。

什么是企业文化？企业文化是指企业全体员工自觉遵守的人生理念、工作习惯和制度体系，包括代表企业精神的标识、口号和一系列的规章制度。企业内部人多嘴杂，众口不一，打造成一个团结合作的团队非常不容易。意欲快速发展的企业，必须建立一种健康向上的企业文化，统一价值取向，明确行为标准，用企业文化规范员工的思想和行为。

某市开发区××大酒店在 2000 年以前，是当地一家知名度很高的餐饮企业。该酒店周边客户主要是到开发区投资办企业的外国商人，他们对酒店的服务水平要求较高，但对价格不甚敏感。自 2000 年以后，随着开发区软硬件环境的改善，该大酒店以往的硬件优势逐渐被新开业的同行所削弱，整体经营上渐渐下滑，餐饮部分的日销售额由之前的20000元下降到3000元。为了东山再起，酒店董事长决定外聘一名副总经理主抓餐饮工作，希望借助外来力量改善经营。新的主管副总经理上任后，很快拿出了一套改善餐饮经营的实施方案，在得到管理层的认可后开始运作。新副总经理很快发现，他的经营方案在执行中都被大大打了折扣，下属人员没有人认真执行他的工作要求。因为给酒店采购人员下达了原材料采购货比三家的指令，挡住了采购员的"财路"，采购员们集体散布谣言，说新副总经理的目的是中饱私囊。原来的餐厅经理是酒店董事长夫人的外甥，被暂时停岗后，多次打电话给董事长夫人，歪曲事实，造谣中伤新副总经理。酒店的其他几位副总经理，也觉得新来的副总经理有些锋芒毕露，显得他们平庸无能。在这样的环境里，新副总经理坚持了一个月之后宣告退出。2003年，该大酒店倒闭，酒店原址现已经改为一家服装厂的商品展示厅。一个好端端的酒店，因为缺少积极向上的企业文化，使得员工人心涣散、内耗严重，最后不得不关门。

建立优秀的企业文化，需要做好"五要"。

第一，要确立一个正确的管理理念。企业的价值观是衡量员工思想的重要标准。提倡什么精神，抨击什么丑行，需要为员工提供一个明确的思想准则。海底捞在企业中大力提倡"人生而平等"的人生理念，制定让员工"感动"的福利待遇政策，激发员工"双手改变命运"的奋斗心态，极大地振奋了员工的工作热情。员工们众志成城，团结一心，将海底捞精神传递到每一个分店中，形成了一种光耀夺目的"海底捞现象"，为我国的经济界注入了新的活力。

第二，要建立一套切实可行、以人为本的管理制度。企业管理不缺少制度，缺少的是切实可行的制度。许多企业的制度之所以变成了摆设，究其原因是制度本身不切实际，或过于繁琐，或过于严苛，导致管理者与员工之间矛盾激化，扰乱了正常的生产秩序。制度是为人制定的，可行性是制定制度的前提，人人抵制的制度不如干脆废止。

第三，要设计一个引领主题个性鲜明的企业标识。企业精神及员工意愿要通过这个与众不同的标识反映出来，既浓缩了情感，又寄托了未来。在国际体育比赛的赛场上，当我国的国旗伴随着国歌高高升起时，每一个爱国华人无不热血沸腾，为自己是炎黄子孙感到骄傲自豪。企业标识也一样。企业标识是整合资源的产物，浓缩企业精华，宣告企业主张，统领企业员工、顾客和其他相关人员的思想，展示企业个性，看似简单实则艰深。

第四，要提高企业最高管理者的觉悟。建立和推行企业文化，最高管理者的志向和秉性非常重要。从具体的企业管理实践看，一些企业在管理上"乱"，看似乱在员工，实则乱在高层。最高管理者因为对下属的责任心、忠诚度及工作能力等担心，有意识地建立非正式群体组织，偏听偏信，加剧了管理中的混乱局面。上梁不正下梁歪，任何制度都无法抵挡住来自于最高管理者的干扰。作为企业最高管理者，必须努力提高企业运营的认识水平，汲取各方面的先进知识完善自己，虚怀若谷，礼贤下士，严于律己，宽以待人，诚信有加，表里如一，使企业文化建立在上下同心的基础之上。电视机《亮剑》就很好地诠释了这一点。主人公李云龙在论述军魂塑造时强调：一支军队的军魂，取决于这支军队最高军事长官的个性和气魄，最高军事长官为这支军队灌输了敢打硬仗的精气神。

第五，企业倡导健康的企业文化，要与员工的利益挂钩。企业要大张旗鼓地表彰符合企业文化的好人好事，用经济手段激励全体员工自觉认同和遵循企业文化的相关规范。优则奖，劣则罚，奖罚分明。有些企业管理者总是喜欢让员工"无私奉献"，强调企业不会忘记他们的努力，缺少有效的物质激励。久而久之，员工就会丧失主动工作的积极性，整体业绩也会变得愈加平庸。

第七章

超值服务

☺ 让员工感到是在为自己工作，这是海底捞员工绩效考评的得意之作。管理制度的设计，应该让员工将自己的主观能动性充分释放出来，而不是束缚。

☺ 海底捞独创了很多很特别的服务，如聊天，如果顾客愿意，哪一个服务员都能陪顾客聊一阵子。相对于很多餐饮企业服务员不爱聊、不敢聊、不会聊的现状，海底捞确实技高一筹。

☺ 没有哪个人刚参加工作就会当服务员，服务员是练出来的，气质、能力、形象、为人处世都可以通过一定的方法训练出来。企业中最怕"领导有病，员工吃药"，明明是指挥不力导致问题成堆，却要大会小会指责员工。优秀的管理者，首先要做一名好教练。

☺ 欣赏员工，学会赞美吧。没有什么比赞美更能够改变一个人。优秀的服务员是赞美出来的。

海底捞最为人热议的是它的"变态"服务。人们不理解，海底捞的老板不在身边，服务员们为什么仍然像"打了鸡血"一样，殷勤地让客人感到有些"肉麻"？张勇的"感动员工"的方法，让海底捞的员工们以店为家，忠贞不二；而具体的超值服务，就让顾客们受宠若惊、无可挑剔了。

海底捞的超值个性服务

　　海底捞式的"变态"服务包括哪些内容呢？表7-1列出了海底捞式"变态"服务的主要内容。

表7-1 海底捞式"变态"服务的主要内容

服务项目	内容
1. 七句敬语	请、谢谢、对不起、您好、再见、没关系、欢迎光临
2. 服务标准	1. 五声四勤 (1) 五声：迎声；答声；谢声；歉声；送声 (2) 四勤：眼勤，即眼观六路，耳听八方，重要的是要注意客人的各个神态，如招手、探头；嘴勤，即做到人未到声先到；手勤，即做到客人想之前、行之前；腿勤，即麻利 2. 欢迎顾客时目光要注视对方，让顾客感受到充满热情的笑容 3. 员工以友善的话语表示欢迎，不要使用重复机械的问候语
3. 服务心态	做事要开朗、乐观、大方，不拘谨，不忸怩，表里如一，胸怀坦然，不存心机，热情，充满活力，要有进取上进心；一切以海底捞为重，上班不带任何情绪，遇事冷静不慌，客人百问不烦，百答不厌（注意：服务员不懂就是不懂，切忌故作老练）
4. 基础服务	在保证客人满意的情况下认真服务，争取做到操作流程不漏项、不掉项
5. 常规服务	1. 发毛巾。给客人发毛巾时要面带微笑，热情大方，保证热毛巾的用量和热度（80℃）；顾客到桌后两分钟内递给热毛巾，并称呼先生或女士，发毛巾要分清主次，动作要规范；每桌每位顾客换毛巾次数不低于四次，顾客无特需要求不得高于六次，无需要不必勉强 2. 保洁人员欢迎顾客时目光要直视对方，要以友善的话语表示欢迎，如你好、小心路滑，要让顾客感受到热情

（续表）

服务项目	内容
5. 常规服务	3. 送柠檬水、汤、豆浆的人员要保证汤、豆浆温度在80℃和柠檬水的卫生质量 4. 随时供应汤、豆浆、柠檬水，确保顾客区域随时到位、无短缺
6. 超值项目	免费供应西瓜、哈密瓜、炸虾片、炒青豆、情人果、豆浆、酸梅汤等零食和饮品，顾客自己随意取用；提供围棋、象棋、扑克等游戏品，免费为顾客提供擦鞋、美甲及上网服务，主动聊天；递送围巾、手机袋、皮筋等
7. 重点服务	对待老人、小孩、残疾人应该做到特需服务

在反复揣摩海底捞"变态"服务的七个方面之后，我们不难发现其核心内容竟然只有八个字，即主动服务，感动顾客。海底捞的服务，其实并无难懂之处。只是在人人可为的范围里，海底捞用心良苦，将为顾客的服务做到了极致，才获取了这种"变态"服务的超级赞誉，赢得了餐饮业乃至整个企业界的齐声喝彩。透过现象看本质，这种超值服务包括哪些内容、应该如何创新呢？

从感动顾客的角度来讲，现场服务内涵应包括两项内容。

一是常规服务。常规服务包括中规中矩的仪容仪表、落落大方的礼貌礼仪、自然熟练的技能技巧及体现服务人员基本功的应知应会四个方面，这四个方面是现场服务必备的训练科目，可以满足企业为客人提供简单服务的需求。

二是超值服务。在为顾客提供宴席服务过程中，现场服务人员除进行常规服务外，还要根据宴会进程状态，设身处地为客人着想，适时发现顾客需求，为顾客提供更多不带利益色彩的适度帮助，以此感动顾客，留住更多的头回客。

从塑造企业品牌美誉度考虑，常规服务是基本的程序性服务，可以给顾客留下整齐划一的印象，但较难缩短企业与顾客的距离。真正让顾客流连忘返连续消费的因素，是服务员们悄无声息拨动顾客心弦的超值服务。总结以往优秀服务员们的工作经验，超值服务可以概括为下列五种。

管家式服务

在客人到齐 10 分钟内，能够准确分辨出客人的身份，并能叫出客人的称呼。以管家式的周到细致，设身处地帮助主陪客人照顾其他宾客，借此提高客人的身价。要避免一直使用"先生"、"女士"等呆板敬语，以免引起客人不快。

亲情式服务

1. 行动不变的残疾顾客进店消费，服务人员在第一时间为顾客推出轮椅。

2. 顾客酒醉呕吐，服务人员除马上清扫外，还要帮助顾客清理污物或端送凉开水，以便顾客尽快恢复常态。可能的话，应该请男同事帮忙，送客人返回住地。

3. 顾客衣服上的扣子掉了，马上拿出为顾客准备的免费针线包。

4. 发现顾客带病赴宴，马上为顾客准备相应药品，在征得顾客同意的情况下帮助顾客服用或包扎。

顾问式服务

1. 顾客如果相互询问列车开启时间，服务人员应立刻拿出当地旅客列车时刻表。顾客如果乘坐汽车旅行，服务人员可以通知前台人员代为查询汽车时刻、车票价格及预售情况，在反复核实后再转告顾客。

2. 顾客在餐饮企业举办庆典活动，服务人员应帮助顾客搜集整理相关影像资料，制作成光碟或幻灯碟片现场播放。

这些接近零成本的超值服务能够极大地取悦于顾客，并获取非常高的满意度；没有人会因为服务员稚嫩而降低他们的服务标准，更多时候，顾客对服务人员的感觉近乎依赖。服务员懂得多一些，能够为顾客当好订餐、营养、导游甚至经商、情感方面的顾问，顾客往往会感激不尽。

情境式服务

顾客举办生日晚会，服务人员借送蛋糕之机，由数位女生点起红烛，列队进入，轻声合唱《祝你生日快乐》，会起到很好的"快乐发酵剂"的作用。

保姆式服务

1. 主陪客人不胜酒力，四处寻找救兵时，乖巧的服务人员可以悄悄地把白酒换成矿泉水，会为企业结交一位忠实顾客。不过，此举若被其他宾客发现，服务人员的后果就惨了，因此必须谨慎行事。

2. 小朋友大哭不止，如果能及时找来一个适合他的玩具，会比餐后打折更能赢得家长的欢心。

超值服务的目标是"感动顾客"。总结改革开放以来餐饮企业经营竞争策略的走向，可以粗略概括为这样一条发展道路：20 世纪 80 年代，餐饮企业的竞争主要是拼经验。面对刚刚进入市场经济的新手，众多国营餐饮企业占据先天优势，以得天独厚的经验获得经营上的主动；90 年代餐饮企业的竞争拼的是敬业。纷纷下海的个体经营者们集采购、管理、交际于一身，起早贪晚，勤干苦干，依靠精力和体力的双倍支出掘得第一桶金；世纪之交拼的是装修。大酒店、大渔港、生态园、海鲜超市等巨无霸式餐饮模式挤入餐饮市场，谁大、谁豪华，谁的生意就火爆。近年来，随着多家巨无霸餐饮企业债台高筑陷入困境，餐饮竞争逐步回归经营的本质，服务制胜的理念深入人心，超值服务的方法得到越来越多企业经营者的青睐。服务员们集思广益，不断创新，使超值服务的内容越来越丰富，技艺越来越高超，效果越来越明显。超值服务，已经成为品牌企业与非品牌企业的分水岭。

在推行超值服务的过程中，需要解决好以下三个问题。

一是员工的基本素质问题。企业员工来自四面八方，文化水平不一，素质良莠不齐。怎样让员工认同企业的经营理念、自觉遵守规章管理制度，是摆在企业管理者面前的一个难题。制度虽好无人做，歪嘴和尚念错经。说到底，超值服务是靠人来实施的。

二是考核的标准问题。什么样的服务算超值服务？达到什么程度的超值服务叫合格？员工提供的超值服务能够获得顾客的认可吗？超值服务怎样形成套路？如果员工们对于超值服务的概念是模糊的，那么这样的超值服务势必要打折扣。

三是超值服务绩效的表彰问题。有的成功企业要求员工每周必须写两篇文章记录自己为顾客提供超值服务的事迹，每月全店进行一次大评比，对事迹突出、名列前茅的优秀个人给予表彰，效果很好。

发自内心的微笑

企业的定位不同，服务标准也不尽相同。比如，某些高档酒楼强调标准化、规范化服务，在服务员练习微笑表情时要在嘴里横放一根筷子的做法，目的是让服务员们知道表情肌的收放位置，避免个人习惯笑法，杜绝拍手大笑、轻声浪笑等错误表情，而要礼貌地微笑。在高档餐厅，客人才是主角，服务员只是为客人友好服务的从属人员，因此不需要服务员通过笑容和顾客做更多沟通。而海底捞模式则不同，那里的顾客大多以家庭消费和朋友聚餐为主，不太介意服务员成为就餐时的主角，甚至喜欢和服务员们建立私交，以便为自己争取到更大的利益，也使自己在家人和朋友面前显得更有面子。所以，海底捞服务员们的笑，强调的是真，可以大笑，也可以浅笑，还可以偷笑，只要顾客知道不是在取笑他们就无伤大雅。

虽然微笑是服务性企业成本最低且收效最好的超值商品，但服务员们不是发自内心的"皮笑肉不笑"仍然难以获得认同。现在的问题是，怎样能够让服务员们在和顾客接触的过程中能够自然地发自内心地笑起来。

表情可以训练，但心态需要启发。

有两种心态可供借鉴。

一种是丑媳妇初见公婆。让服务员把自己想象成即将看到公婆的丑媳妇，需要态度拘谨、小心谨慎、眼疾手快却又热情周到。丑媳妇要尽可能地把自己最美好的一面展现给公婆，让公婆忽略自己的丑，记住自己的善，认同自己这个人，以便能够进入到婆家，与心爱的丈夫一起生活。服务员在这样想象后，会觉得这种心态很有趣，带着一种轻松的心情，马上就会找到服务的感觉，快速进入到优质服务的状态里。文学创作中有一种写作体验叫"通感"，就是对两种物体、两种场景以上的记述，通过写作者的描摹和勾画，能够找到相差不多的一种"通感"，以此透析人类的整体感受。丑媳妇初见公婆和服务员为顾客服务时的感觉是非常接近的，这样的启发，有助于服务员们很好地领悟和应用。

还有一种是哄孩子心态。当前的餐饮顾客大多属于刚刚有钱的人。在此前不久的若干年间，还处于"瓜菜代"阶段。瓜菜代是我国计划经济时期粮食部门的一个专有名词，专指在一年之中青黄不接的时候，用一些能够长期储存的瓜菜品种代替居民口粮，度过饥荒。在他们还未曾找到新经济感觉的时候，一夜之间他们因为各式各样的原因突然暴富。说话变调，走路乱晃，狂妄的心态溢于言表。与餐饮有关的事情是：这些人是餐饮消费的重要顾客，占据相当比例的消费份额。虽然他们内心空虚，但在餐饮消费场所却喜欢高声大嗓、色厉内荏，吆五喝六，缺少修养。难怪即使如海底捞这样以"变态"服务闻名的餐饮企业，有时也会和这些胡搅蛮缠的顾客大动干戈、挥拳相向。对这些客人，服务员们应建立一种"哄孩子"心态，即采取哄孩子方法，将他们看成是不懂世事的三岁小儿，用吹捧、礼让、折扣、拉近等手段，安抚局面，平息事态，待客人醒酒或情绪稳定后再行处理。对于还处在大孩子阶段的服务员来说，了解顾客真相、建立起哄孩子心态后，能够起到较好的缓解压力、增强信心的作用。

要尽快帮助服务员们成熟起来。有些喜欢开玩笑的常客，看到不认识的新服务员进包房服务，可能会开一些善意的玩笑，让那些没有经验的新手们心惊肉跳。

某酒楼曾经有一帮经常光顾的客人，看到酒楼新换了一批服务员，便故作凶相，吓唬在包房点菜的服务员，如果服务员不好好服务，一会儿将把她强行带走。服务员唯唯诺诺，不敢应声，点完菜后便飞步下楼，狂呼老板，告之楼上有坏人威胁。老板心知肚明，带领女服务员再次上楼，推开包房，一看都是相熟的朋友，拱手相迎，忍俊不禁。客人们见到此情此景，也料到服务员中计，大笑不止。本来是个一看即破的玩笑，但因为服务员缺少经验，降低了酒楼的接待水准。

要把任何人都想象成是一位好人、一位通情达理的人，别人也会用同等态度对待服务人员。服务人员应克服对顾客的恐惧心理，对于顾客的善意举动要给予积极回应，那种拒顾客于千里之外的做法极易引起顾客的极端不满。曾经有顾客非常友好地和服务员打招呼，询问菜品和优惠情况，却遇到服务员们冷冰冰的不置可否，引得顾客大怒，暴跳如雷，直至企业主管出面道歉才算完事。顾客最为无法忍受的是服务员们阴毒的眼神，仿佛一切都已经看得清清楚楚，无须解释，就是顾客调皮捣蛋故意使坏，目的就是打折或者不付款。一旦出现这样的情况，问题的解决将异常艰难。这些来自农村的孩子们似乎非常委屈，他们想自己并没有错误，客人已经错了。他们在现场的工作任务，就是证明客人是错的。接下来的一切不言自明：服务员遭到投诉、顾客的账单被迫打折、周边的顾客纷纷抗议、知道情况的同行们禁不住发出讪笑。给出去的是怀疑，收获的肯定是抱怨。如果从刚一开始和顾客接触就把顾客当成好人，相信顾客，理解顾客，帮助顾客，顺从顾客，真诚微笑油然而生，一切纠纷就会烟消云散。

服务员要学会站在顾客的角度看问题。大多数顾客并不希望惹是生非，只是站在他们的角度，企业的有些做法确实过分了。

某餐饮企业在为顾客提供的菜谱上，注明促销期间菜品七折，但在结账时告知顾客，海鲜、特价菜、凉菜、主食等不予打折。而且，一扎其他酒楼定价38元左右的玉米汁在这里竟然卖到128元。顾客大为恼火，认为这家餐饮企业明显欺诈，投诉到企业总经理那里，要求全部菜品必须七折。服务员感到很无奈，觉得自己是按照企业规定做的，没有什么责任，顾客的反应有些过分。

其实，服务员们如果换一个角度对待顾客，这样的问题或许就不会发生。在为顾客点菜时，首先判断顾客的消费能力，然后善意地提醒客人企业菜价和折扣情况。如果能合理为顾客提供点菜建议，而不是盲目点大菜、点贵菜，顾客的反应就不会过于激烈，甚至会和顾客建立友好关系。

服务员要学会倾听顾客的诉说。能够听懂别人的讲话，真的是非常难的一件事。服务员们如果要是从孩提时就能认真倾听老师们的讲课，或许现在正坐在大学的教室里。不喜欢听人把话讲完，这是人的天性。

著名的美国成功学大师戴尔·卡耐基把这种习惯称之为人性的弱点。他甚至坚信，如果能改变这样的弱点，每一个人都能够成功。要通过密集的练习养成服务员倾听的习惯，让他们学会忍受抱怨，用良好的亲和力去化解纠纷，让顾客自己把怒气释放掉。理解的微笑，是去除顾客戒备的最有力武器。

张勇的高明之处，是告诫他的服务人员要去感动顾客。而感动的手段，就是由衷地为顾客多做一些事情。在这样的前提下，微笑自然就变得真诚可信。

塑造服务应强调差异

海底捞的服务不是放之四海而皆准的规范。在同类企业中，可以部分采取海底捞合理的服务方式，根据企业自己的实际情况，重新整合出适合于自己的服务准则。中国移动、肯德基、招商银行肯定无法全盘采取海底捞的服务方法，青岛海尔、国美电器、全聚德或许可以一试。因为，时尚的、泊来的、华贵的似乎可以连接到呆板的"先生"、"女士"的称呼上，而民族的、大众的、传统的还是要和"大爷"、"叔叔"、"阿姨"搭配，才显得神清气爽、怡然自得。难道只要西装革履在身，就等于脑子里注入了绅士的元素？不是，绝对不是。在中国人的骨子里，还是觉得豆汁、油条才是正宗的早餐。时尚和传统，从来就是势不两立。

服务规范应以商业模式为前提

典型的餐饮商业模式有宾馆餐厅、酒楼、火锅店、小吃店、特色餐馆、中式快餐、洋快餐、西餐厅等若干种，不同餐饮商业模式对服务规范的要求存在明显差异，它们分别注重严谨、谦恭、亲切、随和、质朴、快捷、简单、标准等特性，围绕各自需求整合服务之道。从一定范围来说，消费者的体验积累，彼此对应，相互尊重，已经形成了固化的认知感受，各个特性需严守各自领域，难以跨越。

例如，西餐店商业模式在经营中因管理不善，导致服务人员纪律松散、衣冠不整、语言随便、行为不检点，必定会引起顾客斥责和投诉，而这种现象在小吃店模式中则司空见惯，顾客见怪不怪。如果将西餐店商业模式的服务规范应用到小吃店去，那种言必称"先生"、"女士"的谦卑有礼行为，也会遭受顾客的排斥。在小吃店里面，西餐店的服务规范容易让人们感到"虚伪"和"做作"。

同样，海底捞的服务规范也不能用到西餐店，过于亲近的服务方式破坏了顾客的私密感觉，让彼此之间的沟通享受，变成了大庭广众之下的公开话剧演出，确实让人难以忍受。

服务规范要考虑特定顾客的感受

按年龄对顾客进行分组，可以把顾客分成老年顾客、中年顾客和青年顾客；按受教育程度对顾客分组，可以分为高学历顾客、低学历顾客和无学历顾客；按经济收入对顾客分组，可以分为高收入顾客、中等收入顾客和低收入顾客。我的意思是，只要选择一个合适的分组标志，就可以很容易把顾客分成若干类，而各类顾客的消费习惯不同，对服务规范的感受也具有明显差异。

例如，大多数老年顾客喜欢表达感受，中年顾客喜欢炫耀身份，青年顾客喜欢夸大个人爱好；高学历顾客喜欢照章办事，低学历顾客喜欢蔑视企业规章，无学历顾客喜欢夸耀个人智商；高收入顾客用钱谨慎，与他们的收入毫不相符。中等收入顾客唯恐被人看低身份，低收入顾客倒喜欢一掷千金。这仅仅是简单的一个分类，如果引进更多的分组标志，可以获得更加全面的顾客感受。餐饮企业往往都是服务于某一类顾客，服务规范的设计需要充分考虑某一类人的特殊感受。

传统风格是制定服务规范的重要因素

传统风格是一个国家、一个民族、一种商业模式长期传承下来的文化精华，必定有其存在的合理性，需要我们认真对待，加以发扬。历史上任何一次民族融合，随之而来的就是人们饮食文化的创新。来自不同地域不同民族的饮食习惯相互借鉴，衍生出更富魅力的、新的饮食模式。新食材、烹饪方式、食品味型、食用方法、菜品器皿交相辉映，取长补短，为人们带来更多的感受和满足。作为食物和顾客之间的载体，服务规范起着不可或缺的作用。它以传统风格为依托，尽显渲染和推介之功能，可以弘扬主题，突出品牌，建立信用，取悦顾客。

服务规范要关注商业项目的投资回报比率

优质服务是有代价的。某高档社会酒楼对餐饮服务员招聘确定这样的标准：男身高 173~178cm，体重 65~75kg；女身高 165~175cm，体重50~60kg；皮肤白皙，品貌端庄，身体健康，无不良嗜好，学历本科以上；年龄在21~25岁。能够对这种体貌、学历、年龄的人群产生足够吸引力的餐饮服务工作，其保底薪资水平至少在3500元以上。所以，建立服务规范必须要考虑商业项目的盈利能力。

北京某酒楼的董事长在企业高级管理人员会议上强调，企业要招聘优秀服务人员进入服务一线，不符合用人标准的坚决不用。但其为服务人员确定的薪酬底薪却不到1500元，不要说优秀服务人员难以引进，就是企业现有不符合标准的服务人员也大多提出辞职要求，让现场高管非常为难。企业没必要不切实际地制定过高的服务规范，那种好高骛远的经营理念只会导致人难找、费用高、效果差。

海底捞招聘服务员标准就一条："如果勤快，哪怕再笨，我们也会派专人教你。"既考虑到企业能够承受的用工成本，也符合当前餐饮企业用工紧张的状况，简单实用，便于执行。

服务规范应突出个性，增强顾客体验

企业应在整合企业资源的基础上，尽最大程度挖掘品牌个性，凸显企业的与众不同。例如：某韩式餐馆在制定企业服务规范时，要求服务员穿韩式民族服装，右手抚心，用"一声"读出"欢迎光临"敬语。虽然感觉有些奇怪，但在特定的就餐环境下，顾客能够听懂，即使对他国文化不尽了解，但仍然能感觉到异国情调。虽然服务员不是韩国人，但因为环境、服饰、标识、语言和行为和谐统一，仍然给顾客带来了浓郁的韩式体验，与大多数中式餐馆截然不同。

提升服务员素质你学得会

服务人员的基本素质提升是企业管理的老大难问题。对于大多数企业来说，服务人员的人力供给处于极度短缺状态，可选择的余地极小。不要说找不到高学历的，即使是初中文化程度的女服务生，能够足量招齐已属相当不易。文化水平不高、个体素质差异大是当前服务员队伍的共同特点。

我在为餐饮企业提供系统咨询服务过程中，针对提高服务员的整体素质这一问题，专门设计了一套"服务员十三项基本素质训练"，用10天左右的时间改善服务员的精神面貌，快速提升服务员的基本素质，收效明显。

自信训练

【方法】将受训服务员每12人分为一组，每组人员围站一圈，圈内设座椅一把。受训人员逐一站到座椅上，以最大声音喊诵企业制度或礼仪规范等内容，每人20分钟，直至能够自如地在人前讲述自己的信念和经历为止。

【评析】从事服务员工作的员工大多来自农村，他们家境贫寒，受教育程度不高，见识不多，克服心理障碍、增强人前讲话能力是建立自信心的基础，在训练中可以喊诵企业制度或礼仪规范，既可以锻炼在人前讲话的胆量，又可以熟悉餐饮管理常识，一箭双雕，事半功倍。

【注意】指导教师要善于发现受训人员的每一个优点并予以肯定，善于营造轻松和谐的气氛，大家平等友爱，防止出现逆反心理。

倾听训练

【方法】假设发给大家每人 100 万元，请受训人员根据自己的实际情况制订一个投资计划，投资计划要合情合理、切实可行。指导教师针对每个人的投资计划，与受训人员共同讨论投资、财富、信念、道德、积累等问题。训练结束后，请受训人员根据自己的理解撰写训练笔记，字数不得少于 600 字。

【评析】有的人之所以不愿意倾听，主要有两个原因：一是已经养成了不倾听的习惯；二是对别人的语言找不到兴奋点。100 万元，对这些受训人员来说是一个天文数字，不要说看过，就是想都不曾想过。由这个不曾想过的问题引申到怎样处置这一笔财富，能够极大地激发他们的好奇心，"倾听"在这里变得自然而容易。尤其是撰写训练笔记后，每一个人都惊讶地发现，自己竟然听进了那么多的内容。

【注意】指导教师不得嘲笑受训人员的投资计划，语言要通俗易懂、流畅自如，要善于讲一些言简意赅的故事。

赞美训练

【方法】将每组 12 人分成两队，相向站立。每人向对面站立者作"发现对方优点，给予适度赞美"。指导教师讲解赞美的内容、角度、方法，对受训人员做即兴赞美，逐步上升至"用赞美方法处理顾客投诉"。

【评析】赞美是杰出人士的好习惯。优秀服务员必须掌握赞美这个利器。可以不夸张地讲，善于运用赞美的服务员，在餐饮服务中会如鱼得水，应对自如，极少遇到顾客的刁难和不合作。但赞美又是非常难以养成的习惯，毕竟多数人在生活中已经习惯了"挑剔"。

【注意】赞美的关键在"适度"。太露则"肉麻"，太弱则达不到应有的效果，要让被赞美者感觉结论是自然得出的。

激情训练

【方法】仍然将每组 12 人分成两队，相向站立，每队设队长一名。两队在各自队长的带领下，以最大声音喊诵店训，尽可能保持节奏整齐，并扰乱对方的组织及发挥，能首先喊完者胜出。胜出者可就地休息 3 分钟，失败者需罚做 8 个俯卧撑，或自选其他运动项目（如钻桌子等）。

【评析】服务员之所以呈现高流动性，是因为这个行业本身充满了不确定性：头一天充满热情地工作到很晚，但第二天早晨上班，可能就会接到老板宣布歇业的通知。服务员从来都是把这个行业作为人生中的驿站，而不会将它看作安身立命之所。糟糕的是，一旦服务员形成了这种看法，餐饮企业的服务质量则变得岌岌可危，提高餐饮运营水平就变成了一句空话。所以，让服务员们在工作中保持高昂的激情至关重要。餐饮行业是以人为本的行当，缺少激情，纵然掌握较高的服务技巧，其服务效果也要大打折扣。

【注意】激活每个队员的好胜心，让他们动起来、喊起来，直至形成习惯。

协作训练

【方法】两队服务员在队长带领下进行指定健美操练习，全队互帮互学，共同进步，避免出现掉队现象。能够熟练做完全操者为合格，先达到目标的为优胜者，后达到目标为失败者。奖惩办法与激情训练的相同。

【评析】缺少合作是服务员队伍常见的不良现象：服务员三人一群，五人一伙，各自为战，形不成一个统一的整体。协作训练以团队目标为号令，齐心协力，同进同退，能极大锻造受训人员的团队精神，为做好服务工作打下坚实的基础。

【注意】协作训练易懂难精，且容易产生互相指责的状况，指导教师要密切注意后进学员的思想情绪，不可操之过急，避免破罐子破摔乃至离队的现象发生。

可信性训练

【方法】每组12人站成一列横队，指导教师请每位受训人员逐一站在队前，为大家讲述自己"最快乐的一件事"和"最痛苦的一件事"，引发大家讨论，使大家尽可能摆脱"官样语言"的伪装，采用自己最熟悉的家常话，感悟真实的人生哲理。指导教师应根据每位受训人员的实际状况点评得失，介绍伟人生平，用伟人的人格力量引导受训人员树立正确的人生观。

【评析】餐饮企业服务员非常需要他人的关心。有时，他们仅仅需要有一位善良的倾听者，能耐心地倾听他们并不曲折的人生历程，感受他们的快乐与悲伤。平时，个别服务员表现得有些极端，如说不出话、敌视、不合作、狂暴等，究其原因，是他们的人生感受得不到应有的关注，所以他们会编造出许多谎言来避免自己受伤害，人格的缺陷由此产生。解决的方法并不难：把大家组织到一起听他（或她）抒发心声，在倾诉中提升人格中的可信性。只有相信别人，自己才会可信。

【注意】指导教师要掌控场面，防止因受训人员情绪激动而造成不良后果。

幽默感训练

【方法】每2～3人为一小组，排练表演喜剧小品，尽可能效仿到位，仔细揣摩小品明星的语言、神态、节奏，从表演中领悟和体会幽默感。

【评析】什么是幽默？每个人的答案各不相同。我认为，幽默就是拿自己开玩笑娱乐他人。每个人都是敏感的，每个人对来自于他人的冒犯无不是横眉冷对、怒目相向。人和人之间的沟通无疑是人世间最难的一件事。服务员和主管、服务员和厨师、服务员和顾客以及服务员和服务员之间，大量的信息和问题需要沟通和解决。把责任归于自己，把赞美送给别人，这是一种多么好的美德，而这种美德，我们称之为幽默感。拥有更多的幽默感，会使自己更加自信，更加聪慧，在与顾客的交往中，就更多了一份融洽与合作。

【注意】指导教师启发引导受训人员要放松心态，理解剧情，分清幽默与滑稽的界限。

克制力训练

【方法】受训人员围站成一圈，每人分别独自进入圈内，以服务员或经理身份为顾客解答疑问，其他人以顾客身份刁难发问，态度要凶悍、蛮不讲理。这项训练无需明确胜果，扮演服务员的一方只要做到仔细倾听、亲切微笑、耐心解答、适时赞美即为合格，且不得争辩。

【评析】在对顾客进行的一项调查中，大多顾客认为自己尊严受到侵犯的首要原因，竟然是服务员们的争辩！的确，顾客有时需要的仅仅是有人能过来听他发发牢骚。作为服务员，信奉"顾客永远是对的"，克制自己，理解人性，为顾客们提供更优秀的服务。

【注意】重点讲解应对客人的技巧和方法，调整心态，反复练习。

洞察力训练

【方法】将受训人员带到大型商场内，自由组合，让他们从顾客衣着、服饰、语言、行为、同伴等细节判断顾客的身份、价值取向和消费特点，提升受训人员的洞察力。

【评析】做过服务员的人大多"眼光"敏锐，因为服务员的服务工作是从"洞察"开始的。"眼观六路，耳听八方"，"看人下菜碟"，说的都是服务员的基本功。服务员要知喜怒、看主从、识高下、定多寡，谈笑间一切了然于胸。有经验的服务员从观察顾客进门的第一眼起就能判断出点取菜品的档次和品种，顺势推荐，恰到好处，顾客怎么能不击掌叫好？不过，"洞察力"往往与受训人员的人生经历有关，讲究的是"悟性"。

【注意】反复练习分类归纳是提升洞察力的好方法。

表现力训练

【方法】让受训人员每人背诵三段幽默短信或三首抒情诗歌，轮流在全体受训人员参与的晚会上朗诵，声情并茂，感染力强。

【评析】从某种程度上说，服务员是在特定舞台上表演的演员。服务员为客人提供的服务，是通过仪态、声音、语言来体现的。同一件事情，由不同的服务员来处理，效果截然不同。

【注意】在表演中，幽默短信的"闹"和抒情诗歌的"情"要真实可信，"情真意切"。

记忆力训练

【方法】为每一个受训人员起一个名字，在训练课堂上公布后，要求受训人员记忆其他人的名字，默写在纸上，记忆多的为胜利者。可逐步添加每人的背景材料，如身份、口味、消费特点、同伴等。

【评析】服务员必须要学会记住别人的名字。每个人内心中最宝贵的东西是什么？是他自己的名字！服务员养成牢记顾客名字的习惯，在服务顾客中无疑占据了有利地位。我们每个人都有过被人叫错名字的经历，心里一定不舒服。由此，我们自己不可犯错，或许一个不经意间的疏忽，便会得罪一位重要的大客户，使餐饮企业的生意受到影响，也可能会给上司或同事留下不佳的印象，影响到晋升和加薪。

【注意】记住别人的名字有两个技巧：第一是重视；第二是心口齐动，反复诵记。

责任心训练

【方法】每位受训人员通过自己观察，找出同事需要解决的 10 件事，不需告知，悄悄地为同事提供帮助。结束后写出训练笔记，逐项记录事情的原委、动机、过程及结果。

【评析】责任心的培养至关重要。要在看似与己无关的一些事情上，通过服务员细腻轻柔的工作，为顾客提供尽善尽美的服务。责任心的培养实质上也是一个纠偏的过程，从爱怜自己到关注他人，完成人生的又一次跨越。

【注意】责任心的训练重点在于受训人员注意力的转变，从以往的爱怜自己上升到专业层面的关注他人。指导教师要现场为大家示范寻找他人需求的方法。

意志力训练

【方法】在指定路线进行不断加载的 10 公里越野走。每位受训人员背负登山包 1 个，初始沙袋（或水袋）为 10 公斤（服务生可从 15 公斤开始），每行进 1 公里加重 1 公斤，直至终点。

【评析】服务员承受的压力往往在瞬间爆发，没有良好的心理准备绝难适应。服务员仅仅拥有技巧和方法还不足以完美履行自己的岗位职责，还需要具备良好的意志品质作依托。俗话说："艺高人胆大，胆大艺更高。"这个"胆"，指的就是意志品质。服务工作做久了，最初的新鲜感消失殆尽，免不了会生出厌倦思想。尤其是服务员每天需要面对大量的责难，日积月累，意志品质受到极大考验。

【注意】告诫受训人员一定要坚持，再坚持，不达目的决不放弃！

为避免枯燥乏味，以上 13 项训练可穿插进行。同时，指导教师要避免空洞说教，要求受训人员做到的，指导教师要以身作则，尽可能在课内外起到示范作用。

第八章

品牌是自然而然的事情

☺ 品牌是一种承诺，企业坚守承诺，为消费者提供放心商品；品牌是一种信用，企业与消费者相互信任，相互依存；品牌是一种荣耀，消费商品就等于拥有品牌；品牌还是一种寄托，萌生希望，营造梦想，把生活渲染成五彩斑斓。

☺ 诚实经营和优质服务是塑造品牌的有力工具。在塑造品牌的道路上，不应存有偷奸耍滑的侥幸心理，而应该踏踏实实严守质量标准。你可以短时间蒙蔽顾客，却无法长期欺骗顾客。做事磊落，也会给事业带来好运。

☺ 没有什么比会做人更能够积累足够的善缘。所谓会做人，就是要学会感恩，对帮助过自己的人，要发自内心地感激。还要学会站在别人的角度去想问题，处理事情。为别人提供方便，把困难留给自己，在可能的情况下，尽自己所能去帮助别人。

☺ 高调做事，低调做人。品牌也是一样。不要过于热衷于媒体的炒作，真正的品牌还是应该靠实力说话。品牌成长需要周期，拔苗助长只会让品牌半途而废。蛰伏以待，积累能量，是金子终究会闪闪发光。

别把品牌神秘化，品牌就是企业在顾客心中的一种印象。它是企业长时间从事某一个行业或商品生产留给顾客的信息总和。它的基础是战略定位，在企业发展的初始阶段就已经做好了总体规划，把企业经营理念、管理原则、创富方法、商品信息固化成一个统领企业一切的标识，认清方向，长期坚持，成为品牌是自然而然的事情。

水到渠成海底捞

有人向张勇请教企业经营的秘诀，张勇说："企业经营就是诚实经营和优质服务，哪里还有什么秘诀？"对张勇的这个表态，我非常认同。企业经营最有效的手段，就是老实做人，诚信做事。张勇在最初创办海底捞的时候，肯定无法想象今天海底捞的辉煌，也无法预知海底捞品牌的影响力。无需刻意为之，海底捞就是诚实经营和优质服务之后的水到渠成。

诚实经营，就是对员工要真好。员工们是能够分清楚企业对自己的感情的，真好和假好，感觉是不同的。一天四餐，荤素搭配；工服、被罩统一洗熨；空调、电脑、电视一应俱全；各式各样的福利待遇不一而足，让员工们享受"正规企业"的感觉。这样的"好"，有几家餐饮企业能够做到？

我在某地为企业做咨询时，该企业老板问我："员工的伙食费标准可否再降降？"我在员工用餐时发现，员工餐竟然只有一个菜配米饭。于是我问老板："这样的员工餐，还需要怎样降低标准？"老板答："菜里一点肉不放，每餐只吃馒头，不给米饭。"

这样的企业和海底捞相比，其差距实在是太大了！据我了解，目前的餐饮行业中，类似的企业不在少数。员工为啥对海底捞忠诚？首先是海底捞用自己的真诚感动了员工，忠诚是感动的结果。如果要是我的亲朋好友想投身餐饮行业工作，我肯定会在第一时间向他推荐海底捞。

对顾客要真心。促销就是要让顾客马上得到实惠。海底捞从来不搞那种不痛不痒的促销活动。既然想让顾客满意，那就要真满意。直接打折，马上返现金。海底捞赋予员工这样一项权利，员工在现场服务时，可以根据具体情况给予顾客一定的折扣、赠送或免单。这项权利的直接结果是：顾客往往会得到意外之喜，快乐之情溢于言表，和服务人员的关系极其默契。这种做法和那些生意不旺的企业恰好相反。太多的企业在开展促销活动时习惯于"骗销"，各种广告打得震天响，但却"只打雷，不下雨"，明明写着若干折扣方法，但在顾客消费时，却处处以

"本区域不参加促销活动"为借口推脱，根本没有让利于顾客，让顾客乘兴而来，败兴而归，空欢喜一场。这样的做法貌似很聪明，可以让一部分顾客勉强接受服务人员的推荐，购买自己并不心仪的商品，暂时会取得一定的销售额，但久而久之，必定会造成忽悠消费者的印象，企业品牌形象受到严重损害，再做促销也效果不佳。海底捞为了让顾客满意，从来不搞赠券活动，让很多聪明的同行感觉海底捞很"傻"。但就凭这股傻劲，海底捞在各大城市摧城拔寨，每战必胜，如入无人之境，深受顾客信任。

对供应商要诚信。在餐饮企业面前，供应商是处于弱势地位的。一般来说，企业要面对酒水、粮油、蔬菜、肉类等各类供应商。在货品按量保质进店之后，企业能否按照协议规定的时间向供应商足额给付款项，是检验企业诚信的一项硬指标。优秀企业都是提前向供应商告知付款时间，请供应商做好准备，备齐票据，在指定时间对账付款。这样做的好处，一是可以按计划办事，工作安排心中有数；二是树立企业诚实守信的形象，为将来的合作奠定好基础；三是供应商是企业最敏感的顾客，他们对企业的内部情况了解最多，影响的人群最广，可以为企业带来更多的忠诚顾客。

对新闻媒体要说真话。张勇不吹牛，从来都是低调对待媒体，这好像和四川人的习惯不尽相同。四川人是很能讲的，也很会讲，四川人甚至给讲话起了一个好听的名字叫"摆龙门阵"。张勇却远离媒体，告诉钻牛角尖的记者们："海底捞没有大家想象得那么好，还是应该低调一些。"即使在总结自己和海底捞的成功经验时，张勇也认为自己有些"轻信"，容易"上当"，从未夸耀自己的精明和过人之处。这种大智若愚的表现，却更加引起了媒体的好奇。记者们蜂拥而至，趋之若鹜。这种做法，和现今企业的流行公关术大不相同。为了吸引公众的眼球，企业家们千方百计制造新闻，对媒体狂抛媚眼，不惜花钱收买，希望向社会传递更多的企业信息，提高曝光率。但张勇偏不，他用自己的真话，引得记者们上门报道，可谓是剑走偏锋。这样的报道，事实准确，真情流露，感染力强，令人折服。海底捞不花钱就可以得到很好的宣传效果。海底捞品牌的快速打造，应该为媒体的无私奉献记上一功。

有心栽花花不开，无心插柳柳成荫。张勇专注于把自己的事情做好，随之而来的竟是海底捞的声名远扬。

不过，老实人不是傻人，张勇自有自己的高瞻远瞩。在海底捞尚未成名时，张勇就悄悄地在国内和国外申请注册了海底捞的商标，所以海底捞到各地开店时已名声在外了，很快就能在当地打开市场，站稳脚跟，无需为品牌犯愁。未雨绸缪，张勇早就开始准备了。

诚实做事是品牌基础

从某种程度来说，企业经营就是一个人的战争。这个人就是企业的最高决策者，他的品行和喜好，决定了企业的发展与前途。表里不一、做事猥琐必定处处坎坷，而坦荡做人、诚实做事则会赢得人心，创出金字招牌。企业的一切经营活动，都是最高决策者性格癖好的延伸，企业品牌的塑造，不可避免地被打上了鲜明的个人烙印。

某酒楼生意不好，于是专门设计了一系列的促销活动，代金券赠送是整个活动的重要一环。活动规定："一次消费达到一定数额后，企业按相应比例向顾客赠送代金券。"这本来是增大顾客流量、改善顾客体验之举，无可厚非，但在代金券的使用上，却设定了若干项门槛：无论消费数额多少，到酒楼消费一次只能使用一张；使用代金券不得开发票；夜宵消费不得使用代金券；打包购买不能使用代金券。尤其在结尾部分，还非常弱智地加注了这样一句话："本酒楼拥有本券使用的最终解释权。"看到这样的促销活动，真有一种哭笑不得的感觉。酒楼生意不好，如同褪了毛的凤凰，已经失去了往日威风，理应低下高傲的头颅，尽心尽力为顾客提供最舒心的服务，让顾客看到企业的改变，再创辉煌。不是不可以使用促销手段，但是任何一项促销手段的使用，都应该出自善良本意。仅仅依靠一两个促销花招就可以收买顾客，这样的酒楼也太低估顾客的智商了。可惜的是，这样的企业目前还真不少，他们乐此不疲地活跃在各种广告媒体打折促销栏上，前仆后继，不断成为商战中的牺牲品。

　　某海鲜酒店为留住有经验的老员工，调动老员工的工作积极性，专门设计了"身股"派发制度。所谓身股，就是根据员工到企业工作时间长短和从事何种工作岗位，向员工派发岗位年限的干股分红。这本来是一件有利于企业和员工个人的好事，但这家企业的身股制度设计模式，是按照当初员工进店时的工资标准制定。享受身股待遇的员工，工资标准不能提高；工资标准已经提高的员工，不能享受身股。随着近年来餐饮行业总体工资水平的提高，企业员工的工资标准普遍上调，所以，大多数人基本无法得到这个身股的分红。员工们认为，这是老板骗他们，不诚信。企业再制定其他的政策，员工们也不愿再相信。内部员工尚不服气，外部顾客焉能认同企业的管理理念和经营方法？建立强势品牌的愿望，如同海市蜃楼，可望而不可即。

餐饮企业开业时向有关供应商索要进店费已经成为业内的潜规则。但供应商向企业支付进店费的多少依赖于对企业品牌的信任度。有些餐饮高管按照决策者的授意，为了多要进店费，不惜虚构经营业绩，谎报营业额，以此骗取供货商的信任，争取更多的进店费和赠品。待无法兑现当初承诺的营业额时，餐饮企业和供应商相互指责，彼此之间的信任降至冰点。其结果便是，贪图一点点蝇头小利的行为被供应商无限放大，企业形象受到严重损害。

对餐饮食品卫生安全重视不够，相关问题层出不穷。添加剂、地沟油、色素、火锅石蜡等不断侵袭人们的神经。每逢检查，折腾了好一阵子，检查过后又像从前一样。这样的问题为什么不能从根本上防范和杜绝呢？

仔细观察那些优秀企业的最高决策者，虽然他们的成功有其各自不同的发展道路，但有一点却是相同的，那就是他们人品好，讲诚信，受员工拥护。

我在为我国最大的饺子城之———5800平方米的河北廊坊"回家看看饺子城"做管理咨询时，曾经组织了一次"老板员工恳谈会"，邀请在这里工作三年以上的员工代表和企业老板艾大伟一起现场对话，共同回忆创业时的艰难岁月，体会相互帮助的快乐时光，为新员工展示老板的人格魅力和感人事迹，以此激励员工热爱企业、与企业共同成长。会前，我要求这些老员工代表不要准备稿子，只要把以往经历过的事情讲出来就可以。结果，这些老员工代表上台后，回想起和老板走过来的一点一滴，心情激动，语言哽咽，在讲述自己的亲身经历时，不住地向他们尊敬的老板表示感谢，场上场下泪流满面，掌声不断。员工们之所以会有如此表现，是因为企业老板艾大伟与人为善，讲求诚信，有一颗救危济困的侠义心肠。艾大伟有一个习惯，他喜欢揣摩员工们的心思，在员工们还没有思想准备的时候，便替员工们把工作做了。有一次，艾大伟发现一位老员工站在企业门前，望着鱼贯而入的轿车充满羡慕，便问他喜欢吗？老员工说喜欢。艾大伟当时没说什么。下午，他找到那位老员工，把车钥匙交给他，告诉老员工这是他喜欢那辆车的钥匙。这位老员工愣了，对艾大伟说："艾总，别开玩笑了。这怎么可能？"虽然这是特例，但是在"回家看看饺子城"每位员工身上都能找到几件艾大伟关心他们的事例来。

老板如此，员工能不努力工作吗？顾客会对企业不忠诚吗？企业品牌能不深入人心吗？诚实经营和优质服务不是旁门左道，即使在市场经济高速发展的今天，这句话也不过时。相反，在市场竞争中被淘汰出局的那些企业，其最高决策者往往喜欢弄虚作假、投机取巧。

口碑传播效果更佳

在这个有些传播过度的时代，崇尚口碑传播似乎有些不合适宜。但现实情况是：海底捞不做店外广告，优秀的餐饮企业也大多不做店外广告。这样的现象好像令人费解。餐饮顾客为什么不愿意相信广告？

以广告目的为标志，餐饮广告可以分为品牌广告、提示性广告和促销广告三类。

品牌广告，是以提升品牌知名度和美誉度为目标发布的广告，需要企业长远规划，长期积累传播效果，是有远见的企业经常采取的广告策略。

提示性广告，是餐饮企业为避免顾客遗忘，间歇式发布的商品信息广告。对于知名品牌来说，提示性广告可以起到保持商品曝光率的作用。

促销广告，是以提高企业市场份额为目标，以提升企业短期销售收入为手段，通过打折赠送等方法快速拉升人气的广告形式。

这三种广告形式，餐饮企业最喜欢采取第三种，其原因在于很多餐饮企业缺少长期发展眼光，心浮气躁，急功近利，寄希望于用商品促销提高销售业绩。而且，在三种广告形式中，虽然品牌广告和提示性广告对企业发展更为有利，但促销广告容易马上看到销售效果。因此，对现场管理者而言，身处走马换将、不停折腾的餐饮行业，这种选择是最稳妥的，可以避免投资商的无端指责。

以接受外部信息的敏感程度为标识，餐饮顾客可以分为敏感型顾客、正常型顾客和保守型顾客三类，他们之间的比例关系约为3：4：3，即敏感型顾客为30%，正常型顾客为40%，保守型顾客为30%。三种顾客类型的特点是：敏感型顾客喜欢跟风，容易动摇，他们是各类促销活动的主要参与者；正常型顾客随波逐流，只有在很多消费者已经尝试的情况下才会参与其中；保守型顾客是老品牌的忠诚客户，他们沿循以往，不轻易相信打折促销广告，一旦改变，再回头也不容易。

　　关于传播的话题现在很清楚了，即餐饮企业喜欢选择促销广告，而促销广告只对30%墙头草式的敏感型顾客起作用。当其他企业用更强劲的广告开始促销时，这部分顾客又转身而去，体验另一个企业带给顾客的实惠。这就是餐饮企业做促销好一阵、不做促销没生意的根本原因。优秀的餐饮企业把关注重点放在正常型顾客和保守型顾客身上，倾向于在日常服务中增加顾客的美好体验，长久保持餐饮品牌的凝聚力，与顾客建立相互信任的合作关系，所以他们不做店外广告。与其把传播费用付给广告公司，还不如直接给顾客更多的实惠。

　　企业经营的全部任务，是使头回客变成回头客。据统计，餐饮常客往往为自己选择4~6个餐饮企业作为备选，其消费活动也在这6个企业之间循环。不要指望顾客将所有的消费活动全部安排在一家企业，再全面的企业也无法满足顾客常换常新的愿望。哪里的感觉好，就会在哪里多光顾几次。餐饮传播要围绕经营工作展开，有意识制造卖点，调动顾客的兴趣，让顾客在餐饮企业流连往返，乐此不疲。顾客更相信自己的亲身体验，没有什么东西比亲身体验更有说服力了。顾客认为好的，才是真正的好。一位顾客满意了，就会向他的亲朋好友推荐，这种建立在以往体验基础上的推荐，比企业做多少广告效果都要好。这就是口碑。

　　"金杯银杯不如顾客的口碑。"这话没错，顾客在消费体验得到结论后，无论是否满意，都会向亲朋好友诉说。不满意，就会出现恶评；满意，就会按照顾客自己的理解，通过口碑向其他顾客传递。顾客在传递和接受信息中，心中会自动为企业定位，待需要相关消费时，就会在以往的记忆中搜寻合适的餐饮企业，待企业印象和自己的需求实现对接时，便会转化成具体的消费行为。如果使每一位到企业消费的顾客都能够心满意足，那么企业的品牌形象还用得着打广告去塑造吗？当然不用。

企业应严守信用。顾客会记住企业广告中的每一句承诺。企业对以往的承诺兑现的次数越多，品牌美誉度的累积就越大，企业的信用度也就越高。并不是每一个企业都愿意信守承诺，不少的餐饮企业言而无信，给了顾客无数的负面体验，养成了顾客半信半疑的消费习惯，最终受伤害的还是餐饮行业自身。许多食品安全案例，为餐饮企业发展敲响了警钟。

餐饮企业要做好店内信息渗透。慎做店外广告，但要重视店内广告。要充分利用各种条件向顾客传递积极信息，帮助顾客建立消费信心。要根据企业的具体情况编制企业报刊和各种形式的广告，宣传企业精神，推介经典菜品，塑造先进标兵。凝练企业独特的销售诉求，让企业精彩之处一目了然。

要让顾客得到意外之喜，这是建立良好口碑的有效方法。情理之中，意料之外，才能获得别具一格的喜剧效果。

辽宁省大连市某酒楼在为老人举办寿宴时，专门安排了关灯、点蜡烛环节，在浪漫的情调里，让六位女服务员齐声歌唱《祝你生日快乐》，使宴会达到高潮。过生日的老人没有想到酒楼还会免费提供这种服务，激动万分，连连说："这里太好了，明年还到这里过生日。"这样的意外之喜，会使顾客在高兴之余，情不自禁对企业品牌进行传播，对企业品牌形象的塑造非常有利。

海底捞因顾客口碑走向全国。海底捞人习惯于让顾客享受意外之喜，通过口碑传递企业精神。海底捞不做广告，从这一点上，我们应该体会出餐饮经营的精髓：诚实经营和优质服务才是根本。

品牌打造你学得会

做品牌是现在很多商人的首选，企业的老板们再也不满足于固守田园解决温饱问题，而更倾向于把企业经营当作一项事业。在古老的中国大地，历史上没有任何一个时期像今天这样有如此多的老板痴迷于企业品牌的树立。企业品牌是一种象征，为顾客消费设定了固定的印象标签；企业品牌还是一种承诺，向顾客长期提供一种品质和口味的保证；企业品牌也是一个醒目独特的标识，通过这个标识，企业可以诠释自己的经营理念，规范经营行为，获得顾客认同。企业品牌并不神秘，是企业长期积累的必然产物。企业品牌也不见得必须奢华无度，执著于朴实也是品牌的一种性格。

塑造真正的企业品牌，需要一个强烈的品质制胜理念。商品品质是品牌基础。好品牌卖的是好商品，好商品的品质应该保持长期稳定。看看全聚德烤鸭百年不倒，就知道品质的稳定是多么受顾客欢迎，虽然烤鸭的售价高出同行一截，但为顾客所信赖。这就不难解释，为什么市面上充斥的伪劣商品虽然廉价仍然少人问津。做良心事，走自己路，完全没有必要照抄照搬那些成功企业的方式方法，但可以借鉴它们的整体思路。例如，如果想突出品质，那么就为品质找到一个能证明品质的说辞，如"不满意就无条件退货"、"当日采购的排酸肉，晚六点以后五折处理"，用近乎苛刻的标准要求自己，不给自己留余地，强迫自己用完美的商品和服务满足顾客需求。用这样的品质理念引领企业运营，企业必能创出金字招牌。如果理念和行为不统一，这样的理念就是虚伪的、骗人的，根本无法达到谈及品牌的高度。

企业商业模式要有强大的创富能力。商业模式不行，等于将企业放在了一条破船上，无论驾驭者怎样努力都无法远行。国外大型商业超市模式进入我国以后，农贸市场和小型食杂店避之唯恐不及。不是后者不努力，而是他们的商业模式无法和大型商业超市抗衡。商业模式已经老化，缺少创新，被市场冷落也是一种无奈的选择。企业之间的比拼，基础部分还是在于商业模式之间。

企业要有长远规划。没有远大构想的企业肯定不能长寿。企业的激情取决于它的终极关怀，而长远规划则是将这种激情释放在合适的商品、合适的市场上的有力保证。做正确的事情，远比正确地做事更重要。现在人们常说，未来的发展不取决于所在的位置，而取决于所朝的方向。长远规划，就是让企业从起点开始，把握好未来发展的方向。这种大局观的掌控，是塑造企业品牌的先决条件。经营定位是长远规划的重要组成部分。为企业品牌找到新的位置，个性迥异，与众不同。

企业要拥有独特的核心竞争力。各个企业的核心竞争力各有不同，无法一致。海底捞的创富系统可以学得会，但海底捞的创始人张勇却难以复制。在海底捞人眼中，张勇是海底捞的核心竞争力。因为，"别的老板不可能向张勇那样对员工好。"这话确实精彩。也有一些老板拥有生意不错的企业，但因为言而无信，对员工极尽吝啬，随便找个借口便要罚款扣钱，经常遭致员工集体罢工，难以形成良性创富系统。相对于这种无良老板来说，张勇的存在，确实可以称得上是海底捞的核心竞争力。拥有核心竞争力的品牌，才可以在市场上畅行无阻，席卷财富。

要有优秀商品做支撑。顾客牢记品牌，首先是对商品的喜爱。商品的功能、形状、价格、包装以及后续服务，均会直接影响顾客对商品的体验。好商品才会赢得人心，形成反复消费。海底捞为自己设定目标——"好吃的火锅会说话"，就是在用优秀商品将头回客变成回头客。

建立规范的管理体系。建立规范的管理体系是打造企业品牌的保证。"人治"还是"法治"，决定企业品牌之路的行程。没有规矩，不成方圆。没有管理体系做根基，单独依靠企业投资人的亲力亲为支撑大局，无法保证企业始终如一地充满活力。领导在，是一个样；领导不在，是另一个样。依靠管理体系，不靠能人，这才是做好品牌经营的正道。

经营中处处遵纪守法。优秀品牌要为公众所接受，要符合法律和道德的双重标准。企业经营要高度自觉，不能违背顾客意愿。近年来，有一些企业置公共道德于不顾，大胆妄为，频频制造食品安全事件，不但损害了顾客的健康，而且让广大守法经营的企业同行也受到牵连。这样的企业，如何能取得顾客信任？如何能获得顾客的支持呢？优秀的品牌企业，要和广大顾客站到一起，为顾客谋取利益，取得顾客的信赖，成为顾客心中的朋友。

要形成狂热的企业文化，应做到以下几点。

第一，企业文化应是好人文化。至上而下做好人，企业才能端正品行树立正气，淘汰那些影响企业发展的恶人、懒人、贪人。

第二，企业文化应是责任文化。员工应具备责任心。对自己有责任，对别人尽责任，这样的企业才会具有强大的凝聚力。子女最基本的责任是对长辈的孝心。没有孝心、不尽孝道的人，是绝不会对企业承担责任的。

第三，企业文化应是公平文化。人生而平等，不仅仅是被看做一个理想，而且还应该将其设置为制度。级别可以有高有低，分工可以不同，但在个人发展的机会上，所有的员工都是平等的。

第四，企业文化应是改变命运的文化。激励员工，通过自己的奋斗来提升自己，用双手改变命运。

为员工规划人生目标，帮助员工成功。大多数从事底层工作的员工是不甘平庸的，他们也在努力奋斗，希望用自己的聪明才智与辛勤劳动改变命运。那么，他们应该怎么奋斗呢？

他们的发展轨迹比较容易成功的有两条：一是按照自己的兴趣和条件，结合工作状况，走提升专业技能的道路，如从学徒工到技师、从服务员到前厅经理；二是通过自己的打工经历，学习和模仿成功企业老板的商业经验，建立属于自己的创业体系，即在心智、阅历和技巧逐步成熟之后开店创业。

第九章

各行各业学习海底捞

☺ 海底捞，中国餐饮行业的普通火锅店，在无人号召的情况下，悄悄地成为各行各业学习的榜样，这真是一个奇迹。"酒香不怕巷子深"，因为海底捞老板张勇的个人魅力，因为海底捞员工的服务魅力，因为海底捞模式的品质魅力，大家心甘情愿自费到海底捞观摩、学习、感悟，收获颇多，启发多多。

☺ 海底捞是值得各行各业人士深入研究的。让人心生感慨的是，海底捞获利的前提不是对顾客千般咨啬、百般算计，而是站在顾客的角度做"利他"的事情。老板对员工怀有"利他"之心，员工对顾客也便有了"利他"之举。

☺ 海底捞员工之间的关系崇尚简单。张勇说："人与人之间，关系就应该简单些，彼此坦承相对，更容易沟通。这种人际关系理念植入到企业，相互掣肘的事情必定会减少很多，工作效率也将有所提高。"这是不言而喻的。

☺ 学习海底捞，更要重视检查和奖惩。所谓管理，就是计划、检查加督导。很多问题的存在，并不是管理人员计划不周，而是后续检查不力。等到问题爆发、产生恶果时再行处理，实在是责任心不足才会导致的管理渎职。"国家兴亡，匹夫有责"这句话，在今天仍具有现实意义。

作为餐饮行业的佼佼者，海底捞引起了各行各业的广泛关注。社会各界人士议论纷纷，探讨海底捞能否成为各行各业的标兵，引领服务业乃至更多的窗口部门增强服务意识，提高服务水平，改善服务状况，为构建我国社会主义和谐社会贡献力量。海底捞值得学习吗？作者在写作本书的时候，也对各行各业能否学习海底捞的问题做了积极的思考。

机场

【问题】来自于20多个部门的人员工作在机场设立的办公场所，让机场管理变得有些缩手缩脚。人员复杂，纪律松弛，旅客诟病颇多。不管或少管，整体形象得不到有效改正；真管或多管，有可能触动某些人的面子问题，不理睬不配合，让自己变得更加为难。不但在机场，很多由若干大单位组成的公共场所都存在此类问题。可否采取由驻场各单位派员组成违纪检查工作组的方法，定时或不定时对相关区域进行经常性检查，发现问题，严肃处理。通过通报批评、公开检讨、部门罚款等方法，使违纪人员改正观念，树立自觉遵守管理制度的思想，形成一种良好的工作风气。这类问题不是不能管，也不是管不好，关键是看主要领导的重视程度。真抓实干，很快就能见效。

【海底捞方法】发现问题，严查真管。员工犯错罚领导，效果十分明显。

城市形象传播

【问题】有些城市管理者喜欢在电视台经常播放自己城市的形象广告，希望借此扩大城市知名度上提升城市品位。有些城市的形象广告做得确实很好，定位准确，表述清晰，让观众耳目一新，产生强烈的实地采风向往。例如，大连市的"浪漫之都——大连"；河南焦作的"云台山——峡谷奇观"；黑龙江伊春的"南有三亚，北有伊春，森林氧吧，林都伊春"等，形象鲜明，语言凝练，立意高远，感召力强。但有些城市的诉求过于繁杂，在一个5秒钟的电视广告里加入太多内容，观众还没有听清楚便已经结束，投入很多广告费，却没有得到需要的结果。简单点，再简单点，掌握住传播的规律和特点，一般情况下不要超过10个字，把城市最精彩的地方告诉观众。西部某省以湖闻名，但其广告却大秀城市的高楼林立。城市的管理者可能是想用这种变化告诉观众那里的日新月异，但观众不会买账。不少城市到处大兴土木，城市的变化已经吸引不了观众的兴奋点了。

【海底捞方法】汇聚独特的销售诉求——"好吃的火锅会说话"。

农贸市场面点摊

【问题】京城某农贸市场内,制作主食面点的业主有十几户。大家的品种特色差不多,价格也大同小异。但所有从事主食面点制作的业主,只有一家生意最好。一位相熟的业主让我帮他探究一番:"这十几家和那一家之间,生意为啥相差这么大?"我在那里观察了一个中午,发现这十几家和那一家最大的区别,是这十几家业主在卖货的时候,递给顾客食品和收钱同时进行,让顾客感觉这里的食品不卫生。而那一家业主专门准备了一只小塑料盆,让顾客把钱放到塑料盆里,售货员用一个专门的夹子将钱夹回。找零同样如此。这么做的结果,使顾客对这里的卫生非常放心。我把这个观察结果告诉相熟的业主后,他恍然大悟,如法炮制,经营状况果然大为改观。

【海底捞方法】彻底放弃川渝火锅的传统老油做法,改用自己加工的标准"清油",定量包装,干净卫生,深受都市白领喜爱。

行政办事中心

【问题】近些年,政府职能部门为了方便企业办理各种审批事项,设立了大大小小的行政办事中心，确实给招商引资发展经济办了很多实事。但是，有些地方的行政办事中心并没有充分发挥应有的办事功能，相反却仍然沿袭原有的门难进、脸难看的陋习，让前往办事的工作人员心生疑虑。机构都成立了，为什么服务态度却没有改变？按理说，政府机关人才众多，解决这样的小问题应该不在话下，无需邀请管理咨询公司设计解决方案，只是为什么不去解决呢？是缺少个人绩效考核方案吗？如果能够采用一种绩效考核方案，把窗口人员的具体工作细分成几项考核指标，让前来办事的人员、同事、上级和自己分别考评工作成效，将工作结果与工资收入结合起来，这个问题应该很好解决。缺少激励，就缺少动力。

【海底捞方法】把工作业绩与工资收入挂钩，让员工为自己工作。

银行

【问题】到银行办理业务，哪怕是多么小的一点点事情，也要等候多时。原来以为国有银行效率低，希望外资银行进入国内能够让国有银行感到危机，谁知道外资银行进来后，只是比国有银行在营业大厅里增加了一排座椅，办事窗口旁边放置了一台服务态度评价按钮。一些银行服务的项目没有增加多少，但是收费的本事却屡屡提高。更有甚者，有些银行下属部门的工作人员，利用客户对银行的信任心理，向客户欺骗推销理财项目或保险业务，严重损害了银行信誉。如此下去，银行自身的核心竞争力如何增强？

【海底捞方法】推行顾客喜闻乐见的免费服务，增加顾客等待时间的免费娱乐活动，让顾客乐此不疲。

地铁

【问题】据央视报道，北京地铁日运送旅客达 700 万人次。这样大的运送量，确实非同小可。横贯东西的地铁 1 号线和内环 2 号线，是北京最早的地铁线路，客流也最大。但地铁站台秩序至今还是靠人维持。为什么不像 10 号线和 5 号线那样安置一套安全护栏呢？其实，每天的早晚高峰期，等待通行的人们前呼后拥挤成一团，望着疾驰而至的车头心生忌惮，唯恐落下站台。如果能早些安装安全护栏，善莫大焉。北京现已经成为了国际上重要的大都市之一，流动人口激增，人们的正常活动空间和出行时间也在不断增加。作为北京重要的公共交通工具，地铁为什么要把自己的运行时间限制在 5 ~ 23 点之间？如果能够实现 24 小时运行，那真是百姓的福音，对倡导环保、减排、低碳生活也是不小的贡献。

【海底捞方法】海底捞率先推行火锅 24 小时店概念，延长营业时间，扩大盈利空间。

火车

【问题】铁路动车组高速列车的开行，确实让国人感受到了科技进步带来的便利和荣耀，备感自豪。但同时也有一些不足，让旅客在长途奔波时心生遗憾。动车组上的饮食供应本该是为旅客提供的便利服务，但动辄几十元的盒饭，对相当一部分旅客来说，仍然属于不菲的消费，这一点铁路部门肯定有自己的切身感受。往来于车厢之间的售货车，销售的大都是高毛利商品，让大多数旅客望而生畏，退避三舍。不是旅客不消费，应该是铁路部门的商业模式存在问题。动车组的票价已经高出普通列车许多，对于普通旅客来说，本就是一项不小的开支。乘坐动车再购买高价食品，的确让本该愉快的旅行大大地打了折扣，旅行体验显得冷落而无奈。

【海底捞方法】增加一部分免费项目，增强顾客消费的美好体验。

海底捞管理经典集萃

一、海底捞组织机构图

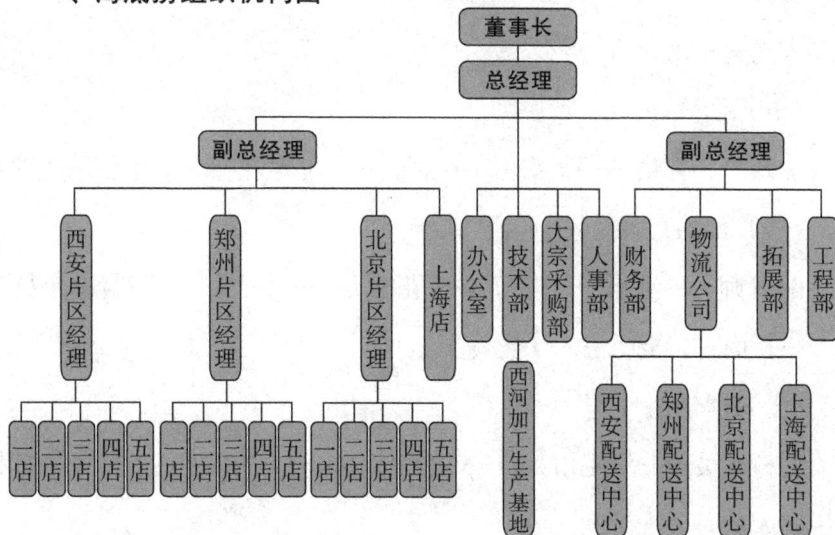

```
                        董事长
                         │
                        总经理
          ┌──────────────┼──────────────────┐
       副总经理                           副总经理
   ┌─────┬─────┬─────┐   ┌────┬────┬────┐  ┌────┬────┬────┐
  西安  郑州  北京  上   办  技  大  人  财  物  拓  工
  片区  片区  片区  海   公  术  宗  事  务  流  展  程
  经理  经理  经理  店   室  部  采  部  部  公  部  部
                                购        司
                                部
   │     │     │              │              │
 ┌─┬─┬─┬─┐ ┌─┬─┬─┬─┐ ┌─┬─┬─┬─┐  西河      ┌──┬──┬──┬──┐
 一二三四五 一二三四五 一二三四五  加工      西  郑  北  上
 店店店店店 店店店店店 店店店店店  生产      安  州  京  海
                              基地      配  配  配  配
                                       送  送  送  送
                                       中  中  中  中
                                       心  心  心  心
```

二、海底捞的 14 个岗位

店长、大堂经理、后堂经理（厨房）、吧台、门迎、司机、保安、骨干员工、收货、美甲（最优秀的员工）、擦鞋（最优秀的员工）、游乐园、电工、质检员工

三、海底捞岗位分化流程

（一）门迎组

保安——门迎——接电话——酒水吧——收银吧——擦鞋——美甲——游乐园——打发票

（二）服务组

服务员——发毛巾人员——前堂保洁人员

（三）上菜房

洗菜员——备菜员——上菜员——切羊肉、肥牛人员

（四）传菜组

传菜员——收台人员——打汤豆浆人员——切果盘人员——柠檬水配制人员——水果房

（五）油碟房

油碟——香菜——葱花——豆腐乳——韭菜花——花生仁——榨菜

（六）配料房

配料师——葱段——红油——花椒面——呼叫——药材——员工餐——捞面——电工——小吃房

（七）保洁组

洗杯人员——洗毛巾人员——洗碗人员——打扫走道人员——打扫卫生间人员——洗碗间

（八）凉菜房

凉菜——黄瓜——醋——酱油——鸡精——盐

（九）库房

办公室人员——出纳——会计

四、海底捞服务员岗位描述

1. 欢迎顾客时目光要注视对方，让顾客感受到热情的笑容。

2. 员工以友善的话语表示欢迎，不要使用重复机械的问候语。

3. 客人到桌后 5 秒内必须有服务员接待。

4. 对待老人、小孩、残疾人应该做到特需服务。

5. 员工应该把客人所点的菜品快速准确地传递给上菜房。

6. 在保证客人满意的情况下，认真服务，争取做到操作流程不漏项、不掉项。

7. 配备所用的用品、用具。

8. 服务员应保证账单的准确性，做到唱收唱付，并提前找零。

9. 及时恢复摆台工作。

10. 及时做好人走岗位净。

11. 及时关灯、关气。

12. 做好餐前、餐后的电脑正常使用和关闭。

13. 做好突发事件的处理和创造感动。

14. 做好授权工作。

15. 紧急的预案处理，停水、停电、停气处理，客人打架处理。

16. 同一区域不要走一桌，关一桌灯，等客人走完再关灯。

五、服务员的餐前准备工作

1. 笔3支、备用的翻台餐具、打火机或火柴、烟灰缸、餐巾纸。

2. 炉具是否有气，是否能正常打火。

3. 客人给钱埋单时必须说谢谢。

4. 客人埋单要带上收银夹，装零钱袋，送薄荷糖。

5. 处理所有问题应在第一时间。

以上岗位描述的目的就是提高翻台率。

六、其他人员岗位职责

（一）发毛巾人员

1. 给客人发毛巾时要面带微笑，热情大方，保证热毛巾的用量和热度（80℃）。

2. 顾客到桌后两分钟内递给热毛巾，并称呼先生女士，发毛巾要分清主次，动作要规范。

3. 每桌每位顾客换毛巾次数不少于4次，顾客无特需要求不得多于6次，顾客不需要不必勉强。

4. 满足顾客的合理要求。

5. 顾客从身边走过时一定要让路并且打招呼。

6. 对突发事件的应急处理，如打破餐具、客人呕吐等。

7. 按时准备好所有的原材料和用具。

（二）保洁人员

1. 拾到客人物品应及时上交。

2. 欢迎顾客时目光注视对方，要以友善的话语表示欢迎，如你好、小心路滑，要让顾客感受到热情。

3. 严格按照卫生标准进行。

4. 满足顾客的合理要求。

5. 顾客从身边走过时一定要让路并且打招呼。

6. 对突发事件的应急处理，如打破餐具、客人呕吐等。

7. 按时准备好所有的原材料和用具。

（三）传菜员

1. 站岗之前准备好足够的干净托盘（50块）、托盘布（50块），并且保持托盘的卫生干净，如有脏污应及时更换。

2. 每个托盘的物品无挤压和摞叠。

3. 传菜生做到六不端，即标准量不符不端、颜色不纯不端、形状不符合要求不端、不熟不热不端、卫生不合要求不端、菜品不点缀不端。

4. 传菜过程中应热情礼貌的招呼客人，满足顾客合理要求。

5. 及时回收用后的餐具，必须做到来回不走空路。

6. 保持站姿端正，认真等待端菜，传菜时要注意安全，必须做到快走慢跑，不能撞到客人及其他同事。

（四）送柠檬水、汤、豆浆的人员

1. 上午11点、下午5点半检查是否到位。

2. 保证汤、豆浆80℃和柠檬水的卫生质量。

3. 汤、豆浆、柠檬水随时供应，确保顾客区域到位、无短缺。

4. 面对顾客时目光要注视对方，以友善的话语表示对顾客的欢迎，让顾客感受到热情的笑容，满足顾客的合理要求。

5. 柠檬水的制作必须按照量化标准进行。

6. 对自己负责的汤壶、豆浆壶要保证干净卫生、摆放整齐。

7. 注意操作现场的卫生。

8. 满足顾客的合理要求，及时协助服务员，做好服务和收台工作。

9. 生意低峰期做好本组的汤、豆浆的转移工作和收尾工作。

（五）收台人员

1. 首先在收台前检查顾客有无遗失物品。

2. 一个餐桌收台时间为 2～3 分钟内全部完成。

3. 在收台当中要对客人礼貌微笑或者点头并运用敬语问候。

4. 收台过程中取下锅圈减少噪音，保护餐具，随时准备一条毛巾擦凳子。

5. 餐桌表面卫生干净，无油渍及杂物，凳子无水渍，协助服务员恢复台面。

6. 擦桌子的水、毛巾要及时更换，保持干净。

7. 收台的准备工作应齐全，干、湿毛巾三条，桶一只。

七、服务员敢于主动向客人介绍自己

例：我是小李，有什么事请叫我。

八、薪酬制度

（一）工资的发放

1. 在对员工的工作绩效、考勤等方面认真考核之后发放。

2. 每月 8 日以前发放，节假日及特殊情况顺延发放。

员工工资由五部分组成，包括基本工资、加班工资、级别工资、工龄工资和分红。分红数额根据分店当月纯利润确定。新进员工每月店方扣除 20 元作为公司基金，时间一年。如经店方许可正常辞职，将退还保证金，否则不退。

（二）普通员工资结构

1. 新员工，月薪 1200 元。

2. 二级员工，月薪＋级别工资＋工龄工资。

3. 一级员工，月薪＋级别工资＋工龄工资＋分红。

4. 先进、标兵员工，月薪＋级别工资＋荣誉奖金＋工龄工资＋
分红。

5. 劳模员工，领班一级工资＋分红。

6. 功勋员工，月薪 2000 元/月＋领班级赢利分红＋地差。

（三）管理层员工资结构

1. 大堂经理：基本工资＋浮动工资＋工龄工资。

2. 店经理：基本工资＋浮动工资＋工龄工资。

二级员工评定标准

前堂二级员工	后堂二级员工
工作积极，但主动性不强，动作迟缓	能掌握完成本职工作的各项技能
基本掌握业务知识，偶尔出现小错误，工作有时分不清主次，顾客满意度一般	工作积极，但主动性不强，动作迟缓
情绪有波动，工作时好时坏	情绪有波动，工作时好时坏
责任心一般，出现问题时经常推诿	责任心一般，出现问题时经常推诿，节约意识不强
偶尔违反规章制度	偶尔违反规章制度

一级员工评定标准

前堂一级员工	后堂一级员工
工作积极主动	能熟练掌握本职工作的各项技能
业务熟练，顾客满意度高	吃苦耐劳，能起到很好的带头作用
情绪稳定	情绪稳定，不偷奸耍滑
能起到带头作用，能搞好团结	责任心强，能及时反应员工当中的不良现象
责任心强	节约意识强
能准确迅速完成上级交办的任务	不违反规章制度
不违反规章制度	

先进员工、劳模考核标准

先进员工考核标准		
序号	考核内容	结果
1	熟练掌握完成本岗位工作所需的技能	
2	任劳任怨、不怕苦、不怕累	
劳模考核标准		
序号	考核内容	结果
1	熟练掌握完成本岗位工作所需的技能	
2	任劳任怨，不怕苦，不怕累	
3	与上级及同级员工关系融洽	
4	忠于企业，不说不利于企业的话，不做不利于企业的事	

功勋员工考核标准

功勋员工考核标准		
序号	考核内容	结果
1	熟练掌握完成本岗位工作所需的技能	
2	任劳任怨，不怕苦，不怕累	
3	与上级及同级员工关系融洽	
4	忠于企业，不说不利于企业的话，不做不利于企业的事	
5	有能力发现企业存在的隐患，并尽力排除，或能做到及时反映	
6	心胸宽广、识大局、顾大体	
7	领导不在现场时，能积极处理突发事件	

九、升迁考核制度

为创造"公平、公正、公开"的竞争环境，鼓励员工积极发展成长，为公司储备更多优秀人才，特制定本制度。

（一）报名对象

人事部提前发布报考岗位及要求，符合条件的员工均可报名。如报考领班的条件：A. 员工在公司工作满半年，且达到一级员工者；B. 在公司工作累计三次被评为先进员工者；C. 连续两个月被评为先进员工者。

考前培训

报名

企业文化与制度

录取

合格

沟通管理

见习

岗前培训

现场学习
实践一周

角色定位

岗位职责
基本技能

基本技能

现场有效
管理一周

现场学习
实践两周

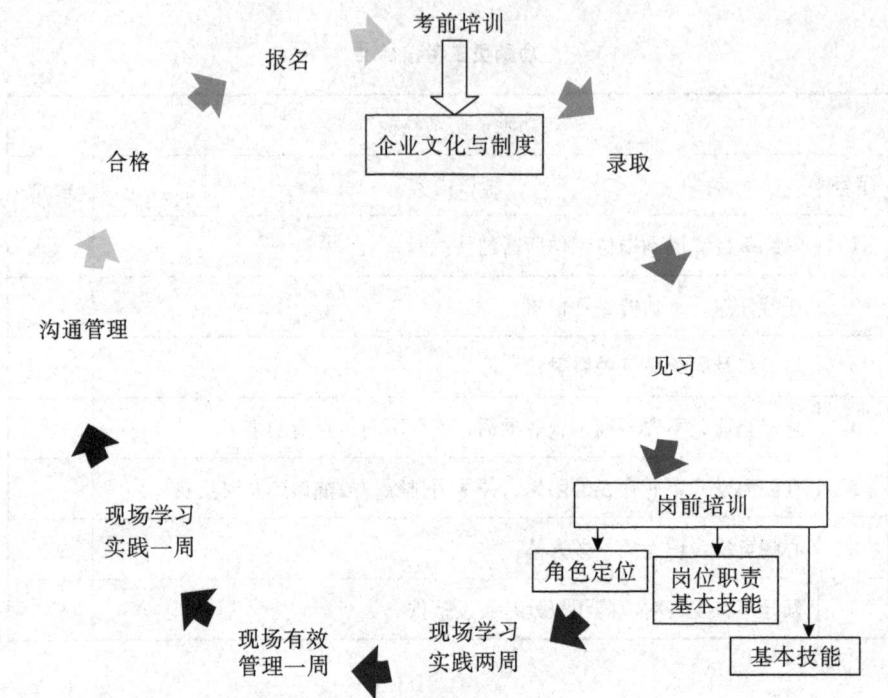

升迁考核流程图

（二）考核办法

三级六次考，使任何一名员工经过如下成长轨迹都有机会成为海底捞的店经理。

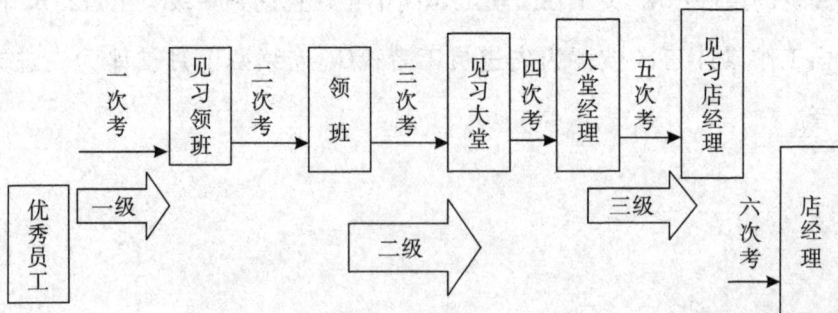

一次考 → 见习领班 → 二次考 → 领班 → 三次考 → 见习大堂 → 四次考 → 大堂经理 → 五次考 → 见习店经理

优秀员工 → 一级 → 二级 → 三级 → 六次考 → 店经理

十、褒奖员工长期为公司服务规定

培养员工对公司的忠诚度是公司持续发展、长远发展的重要任务。为了褒奖为公司服务五年以上的员工，鼓励员工与公司共成长、共进退，为公司的长远发展做出永久贡献，公司决定为在公司服务 5 年以上的员工颁发纯黄金纪念饰品。具体办法如下。

1. 在公司工作年满 5 年以上的员工，均可获得总经理颁发的纯黄金纪念饰品一件（工作年限的计算，必须是连续工龄）。

2. 纯黄金饰品分 5 年、10 年、15 年、20 年以上四档，服务年限越长，所获纯黄金饰品的价值越高。

3. 纯黄金饰品的颁发，于每年春节前完成，作为公司员工奖励计划的一部分。员工在公司服务满 5 年、10 年、15 年、20 年以上者均可获得相应的纯黄金饰品（每位员工一个阶段只能获得一次）。

4. 各片区人事部、公司各部门有关人员应于每年 1 月 25 日前，将符合以上条件的员工名单按档次造册，报本片区经理审核，如无异议上报总公司办公室。

十一、迟到惩罚制度

1. 迟到 1 ~ 5 分钟扣 0.5 元，迟到 5 ~ 30 分钟扣 10 元，迟到 30 ~ 120 分钟扣除半天工资，迟到 120 分钟以上处旷工一天处罚，而且必须照常上班。

2. 一月内迟到三次以上只发基本工资，月底奖金扣除。

3. 因私事不请假、休息、早退视为旷工。

4. 处罚标准：普通员工迟到半天扣 20 元，一天扣 40 元，月底只发基本工资。

5. 员工无故旷工一天以上者予以除名。

6. 干部以上级别的员工旷工直接开除处理。

十二、人事管理条例（以下几点可直接解聘）

1. 受聘者业务技术水平差，经考核不能接受或胜任本职岗位要求。

2. 违反工作规章制度，经批评后仍不改正。

3. 受聘者长期请假。

4. 旷工。

5. 因员工身体状态不适应岗位要求。

6. 违反国家法律、法规的。

备注：员工解聘或辞退后必须办理解聘手续，三天内离开本店宿舍。

十三、规章制度

（一）员工轻度过失的情形有以下几点

1. 上班时间衣冠不整。

2. 上班时不穿工服进入店内或者工服不齐，不佩戴员工牌号或不佩戴在指定地方。

3. 工作时间用餐厅电话办理私事。

4. 工作时间吃东西聊天，围成一团。

5. 下班后在店内逗留，并且打扰其他正常上班的员工。

6. 在店内高声喧哗，发出怪叫或吹口哨。

7. 随地吐痰，扔纸屑杂物。

8. 不遵守店内安全条例。

9. 违反部门常规。

10. 工作时间佩带手机（店经理除外）。

11. 在自己的负责范围内储放饮料或私人物品。

（二）员工较重过失的情形有以下几点

1. 工作时间睡觉。

2. 擅离工作岗位，经常迟到。

3. 对客人不礼貌，与客人争辩。

4. 在店内、宿舍内主动参与或变相参与赌博活动。

5. 未经许可私自配取宿舍、餐厅钥匙。

6. 搬弄是非，诽谤他人，影响团结和公司声誉。

7. 未立即上交客人遗留物品或捡到的物品。

8. 不经店内相关领导允许带亲戚朋友到店内或者在宿舍逗留。

9. 工作时间擅离工作岗位，做其他与工作不相关的事情。

10. 未经批准不回宿舍休息。

（三）员工严重过失的情形有以下几点

1. 工作时间醉酒。

2. 贪污、盗窃、受贿、行贿。

3. 故意损坏公物或客人用品。

4. 打架斗殴。

（四）各项处理方法

1. 轻度过失的处理方法：除相关处理外，进行批评教育。

2. 较重过失的处理方法：采取罚款、限期改正并填写过失单。

3. 严重过失的处理方法：扣除当月工资，并且予以除名，情节严重者追究其法律责任。

4. 员工单独在外面网吧上网者直接开除。

十四、员工举报制度

（一）本公司员工有权举报公司范围内任何个人贪污、受贿、索贿等以权谋私及各种损害公司利益的现象。

（二）程序

1. 举报人可以以书面、电子邮件、口头形式向公司监察委员举报。

2. 由监察委员负责调查核实后报公司总经理，问题重大者由总经理召开董事会，对事件作出裁决。

3. 员工举报 72 小时内必须有明确答复，若所需调查时间较长，监察委员必须在 72 小时内给举报人一个明确的裁决时间。

4. 整个举报过程必须保密。

5. 公司监察委员调查核实后，根据实际情况向举报人奖励 100 ~ 3000 元。

十五、海底捞"工会"

为增强各店各部门之间的团队意识，海底捞成立了自己的工会组织。海底捞的"工会"不同于国家的正式工会机构，而是一个由所有骨干、核心、忠诚员工组成的组织。工会会员都是在海底捞工作 3 年以上的老员工。工会的加入条件相当严格，最关键的一条是要宣誓终身在海底捞工作，直到退休，即使海底捞垮了也不离开。

十六、海底捞员工宿舍管理规定

1. 下班回宿舍途中衣着整齐，过马路不准闯红灯。

2. 严禁外出在附近的餐馆、小吃店吃饭，统一在店里用餐，如有违反者，第一次罚款 10 元，第二次开除。

3. 进入住宅区时要轻手轻脚，不能大声喧哗，做到尊老爱幼，礼貌待人。

4. 乘坐电梯时一般情况下只能坐货用电梯，人多时必须排队等待，必须遵守电梯制度，一次不得超过 13 人，在电梯内不准吸烟。

5. 在通道内不准追逐、打闹、唱歌，要放轻脚步，放低声音，保持安静，以免影响他人休息，如不遵守者一律重罚。

6. 男生女生不得互串寝室，有事必须经过寝室长同意，否则违反一次罚款 50 元。

7. 在宿舍内任何地方、任何角落不准随地吐痰、扔垃圾，不准在宿舍内任何地方抽烟，如发现一次罚款 10 元。

8. 宿舍管理人员必须熟悉水电开关，随时注意节约用水用电，如发现有浪费水电现象一律重罚。

9. 保护爱护宿舍内的家电设备，不准在墙上乱画和损坏、拆卸家电设备。

10. 刷子、脸盆、鞋子必须统一摆放，整齐干净。

11. 宿舍内员工的工衣不能乱拿乱穿，不准用其他宿舍员工的洗发水、香皂、毛巾、牙膏等物品，如有违反一律重罚，如不打招呼就拿宿舍员工的物品，一律除名。

12. 床上只能放枕头、被子，适当可备一个小盒子，并且床铺必须干净整洁，统一摆放整齐。

13. 宿舍内不得私自乱接插头。

14. 休息的员工看电视时间规定：早上 11：00，下午 4：30；关电视时间：下午 2：00，晚上 12：30。且看电视声音不能过大，不能影响他人休息，如有违反者罚宿舍长 10 元。

15. 熄灯时间规定：中班 22：30，晚班 24：30。

十七、员工过生日聚餐标准

1. 员工之间过生日送生日礼物不得超过 10 元。

2. 员工吃饭过生日必须 AA 制。

3. 员工之间过生日消费金额不得超过 200 元。

十八、海底捞新员工培训提纲

（一）海底捞三大目标（略）

（二）海底捞服务宗旨（略）

（三）海底捞员工四不准（略）

（四）海底捞的含义（略）

（五）海底捞用人原则（略）

（六）海底捞的 14 个岗位（略）

（七）培训基地对员工的要求

1. 排队吃饭，必须排队，不准抢先。

2. 节约粮食。

3. 吃饭时脚不准踩踏桌椅，必须放在地上，如有违反，清理所有饭堂桌椅。

4. 打饭时必须给打饭的师傅说声"谢谢"。

5. 未经批准不准离开培训基地，如有违反直接除名。

6. 男生仪容要求：必须留寸头，剃须，剪指甲。

7. 女生仪容要求：发不过眉，不准佩戴任何金银首饰、留长指甲，已婚女士可以佩戴一枚结婚戒指。

（八）上课要求

1. 坐姿要不倚不靠，不翘腿。

2. 上课时手机必须处于关机状态，如有违反培训师没收保管，培训结束后交还。

3. 不准打瞌睡。

4. 不准说话。

5. 禁止抽烟。

（九）宿舍要求

1. 宿舍内员工自己选举宿舍长，一旦认可必须服从。

2. 进入宿舍必须穿拖鞋（其他鞋子放在宿舍外的鞋柜上）。

3. 床上只能放床单、枕头、被子，床底下不准放脸盆、鞋、袜子。

4. 宿舍员工自己的袜子必须每天清洗，以免影响他人健康。如有违反，清洗宿舍内所有员工的袜子。

5. 宿舍内不准吸烟。

6. 早上起床必须整理好床上用品。

（十）海底捞各项管理制度（略）

（十一）海底捞的宣誓词（略）

（十二）海底捞店歌《携手明天》（略）

（十三）海底捞岗位分化流程（略）

（十四）海底捞服务员岗位描述（略）

（十五）岗位职责（略）

（十六）五声四勤（略）

（十七）服务员敢于主动向客人介绍自己

（十八）一个服务员应该具备的精神面貌（略）

（十九）服务员十四字礼貌用语（略）

（二十）公司高压线（略）

（二十一）海底捞所有员工在操作过程中应首先注意的问题（略）

（二十二）人事管理（略）

（二十三）海底捞员工宿舍管理规定（略）

《海底捞你学得会》
编读互动信息卡

亲爱的读者：

感谢您购买本书。只要您以以下三种方式之一成为普华公司的**会员**，即可免费获得普华每月新书信息快递，在线订购图书或向我们邮购图书时可获得免付图书邮寄费的优惠：①详细填写本卡并以**传真（复印有效）或邮寄**返回给我们；②**登录普华公司官网注册成为普华会员**；③**关注微博：@普华文化**（新浪微博）。会员单笔订购金额满300元，可免费获赠普华当月新书一本。

哪些因素促使您购买本书（可多选）
○本书摆放在书店显著位置　　　　○封面推荐　　　　　　　○书名
○作者及出版社　　　　　　　　　○封面设计及版式　　　　○媒体书评
○前言　　　　　　　　　　　　　○内容　　　　　　　　　○价格
○其他（　　　　　　　　　　　　　　　　　　　　　　　　　　　　）

您最近三个月购买的其他经济管理类图书有
1.《　　　　　　　　　》　　　　2.《　　　　　　　　　》
3.《　　　　　　　　　》　　　　4.《　　　　　　　　　》

您还希望我们提供的服务有
1. 作者讲座或培训　　　　　　　　2. 附赠光盘
3. 新书信息　　　　　　　　　　　4. 其他（　　　　　　　　　）

请附阁下资料，便于我们向您提供图书信息
姓　　名　　　　　　联系电话　　　　　　　职　　务
电子邮箱　　　　　　工作单位
地　　址

地　　址：北京市丰台区成寿寺路11号邮电出版大厦1108室
　　　　　　北京普华文化发展有限公司（100164）
传　　真：010 – 81055644
读者热线：010 – 81055656
编辑邮箱：zhangyajie@ puhuabook. cn
投稿邮箱：puhua111@126. com，或请登录普华官网"作者投稿专区"。
投稿热线：010 – 81055633
购书电话：010 – 81055656
媒体及活动联系电话：010 – 81055656　　　　　　邮件地址：hanjuan@ puhuabook. cn
普华官网：http：//www. puhuabook. com. cn
博　　客：http：//blog. sina. com. cn/u/1812635437
新浪微博：@普华文化（关注微博，免费订阅普华每月新书信息速递）